essentials

essentials liefern aktuelles Wissen in konzentrierter Form. Die Essenz dessen, worauf es als „State-of-the-Art" in der gegenwärtigen Fachdiskussion oder in der Praxis ankommt. *essentials* informieren schnell, unkompliziert und verständlich

- als Einführung in ein aktuelles Thema aus Ihrem Fachgebiet
- als Einstieg in ein für Sie noch unbekanntes Themenfeld
- als Einblick, um zum Thema mitreden zu können

Die Bücher in elektronischer und gedruckter Form bringen das Expertenwissen von Springer-Fachautoren kompakt zur Darstellung. Sie sind besonders für die Nutzung als eBook auf Tablet-PCs, eBook-Readern und Smartphones geeignet. *essentials:* Wissensbausteine aus den Wirtschafts-, Sozial- und Geisteswissenschaften, aus Technik und Naturwissenschaften sowie aus Medizin, Psychologie und Gesundheitsberufen. Von renommierten Autoren aller Springer-Verlagsmarken.

Weitere Bände in der Reihe http://www.springer.com/series/13088

Manfred Günther

Pädagogisches Rollenspiel

Wissensbaustein und Leitfaden für die psychosoziale Praxis

 Springer

Manfred Günther
Berlin, Deutschland

ISSN 2197-6708   ISSN 2197-6716   (electronic)
essentials
ISBN 978-3-658-22792-0   ISBN 978-3-658-22793-7   (eBook)
https://doi.org/10.1007/978-3-658-22793-7

Die Deutsche Nationalbibliothek verzeichnet diese Publikation in der Deutschen Nationalbibliografie; detaillierte bibliografische Daten sind im Internet über http://dnb.d-nb.de abrufbar.

Gedruckt auf säurefreiem und chlorfrei gebleichtem Papier

Springer ist ein Imprint der eingetragenen Gesellschaft Springer Fachmedien Wiesbaden GmbH und ist ein Teil von Springer Nature
Die Anschrift der Gesellschaft ist: Abraham-Lincoln-Str. 46, 65189 Wiesbaden, Germany

Was Sie in diesem *essential* finden können

- Definitionen von Rollenspielarten
- Hinweise auf geeignete Einsatzmöglichkeiten
- Verfahrensweisen und Techniken
- Konkrete Hilfen angesichts diverser Zielgruppen
- Verschiedenartige Praxis-Beispiele

Inhaltsverzeichnis

Einleitung 1

Im Leben wird viel gespielt und mehr oder weniger authentisch gelebt. Je entwickelter die Zivilisation, desto mehr wird innerhalb des Alltagslebens inszeniert. Naturvölker kennen dieses Verstellen im unmittelbaren Lebensprozess nicht. Von vielen Naturvölkern ist bekannt, dass sie nicht oder selten lügen. Europäer und Nordamerikaner lügen statistisch betrachtet zwei bis vierzig Mal am Tag. Das kann auch als Rollenspielen betrachtet werden, denn so findet schließlich ein gefälschtes, nicht authentisches Leben statt, ein Schein-Dasein, wenn ich mich verstelle. Hatte Friedrich Nietzsche übertrieben, als er klagte „Die Menschen lügen unsäglich oft?" Heranwachsende tun es, wenn sie Prüfungen zu bestehen haben und nachweislich häufiger auch die Besserverdienenden, oft nur, um sich in ein noch besseres Licht zu setzen. Lügendetektoren können das auch nicht aufdecken, wenn die zu Überprüfenden starke Nerven haben…

„Es gibt kein richtiges Leben im Falschen", sagte Theodor W. Adorno, womit er wohl zum Ausdruck bringen wollte, man solle sich bloß nicht den Sinn für das Richtige nehmen lassen. Tatsächlich findet ja im modernen Familien- wie Berufsleben ständiges Sich-Verstellen statt, also falsches, wenn man so will verlogenes oder *rollengespieltes* Leben. Auch in weniger entwickelten Kulturen gibt es „natürlich" (Rollen-)Spielgeschehen in großem Ausmaß, allerdings dann in rituell-religiösen Kontexten und Zeremonien sowie im Kult. „Kirchen"-Gründer L. Ron Hubbard (Scientology) brachte es auf den Punkt: Man müsse eine Sekte aufziehen wie ein Rollenspiel – mit eigener Sprache, Ideologie, Musik und Kultur, sodass Mitglieder in jedem Moment an ihre Rolle *getriggert* werden. Freimaurer, ebenfalls elitär-geheim (Arkanprinzip), veranstalten zeremonielle und rituelle Treffen, „Alte Pflichten" sowie Tempelarbeit, also Bräuche, in der „Loge", machen sich chic (zur Standard-Kleidung gehören Schurz, Handschuhe, Bijou sowie auch der hohe Hut) zu einem Live Rollenspiel, förmlich z. B. zu

© Springer Fachmedien Wiesbaden GmbH, ein Teil von Springer Nature 2019
M. Günther, *Pädagogisches Rollenspiel*, essentials,
https://doi.org/10.1007/978-3-658-22793-7_1

einer vorgeschriebenen Wechselrede zwischen Anwesenden. Ein wenig ähnlich spirituell, aber in Gegnerschaft, hat sich seinerzeit das Rosenkreuzlertum geformt, aber der Aufklärung widersetzt.

„Der Rollenbegriff hat eine anthropologische Komponente: Menschen verhalten sich rollengemäß, (…) weil ihr Handeln gesellschaftlich-sozialen Lernprozessen unterworfen und an Normen orientiert ist (…). R. sind nichts natürliches, sondern Ergebnis von Typisierungs- und Interaktionsprozessen, sind kulturabhängig (…), ein reales, aber auch veränderbares Phänomen zur Regulierung menschliches Zusammenlebens (…)." (Griese, in Kreft und Mielens 2. 1996, S. 467).

Rollenspiele sind – soziologisch betrachtet – eine komplexe Methode zur Aneignung gesellschaftlicher Wirklichkeit. In der allgemeinen Didaktik werden sie seit Jahrzehnten genutzt, um Lernenden zu ermöglichen, sich in das Handeln, Empfinden und Denken von Bezugspersonen einzufühlen. Gleichzeitig lernt man spielerisch, das eigene Handeln besser zu verstehen. Viele renommierte Autoren empfehlen und zeigen Paar- sowie Gruppenspiele im Unterricht (vgl. Bliesener und Brons-Albert 1994; Ernst 1982; Klippert 2008; Rosenberg 2007; Wendlandt Hrsg. 1977; sowie Wendlandt 1979). Gegenstand sind in der Regel Alltagssituationen und Eigenerfahrungen. Rollenspiele werden zunächst in einem geschützten Raum gezeigt. Das simulierte Sprachverhalten bereitet auf die Wirklichkeit vor. Fortgeschrittene können später auch ins Feld hinausgehen und mutig mit Mitbürgern „spielen". Alle Autoren unterstreichen, dass die Bedenken gegen Rollenspiele wie „mir fehlt die Fantasie", „es entsteht Angst", „man will sich nicht vor anderen produzieren" und „fürchtet, Fehler zu machen" in der Praxis widerlegt werden. Die Aufgaben selbst müssen natürlich gut ausgewählt und „entsprechend" sein; rasch kommt Spaß, Spielfreude und bei fast allen Teilnehmenden die Erkenntnis auf, dass das Einüben im Spiel sehr geeignet ist, sich auf Realsituationen einzustimmen. Auf der Suche nach geeigneten Spielideen sind der Fantasie aller TeilnehmerInnen keine Grenzen gesetzt.

Um LeserInnen aus dem Feld der psychosozialen Versorgung im weitesten Sinn (Sozialpädagogik, Psychologie, Erwachsenenbildung, Schule, Hort u. a.) an den Einsatz von Rollenspielen in der Pädagogik heranzuführen, haben wir etwas ausgeholt, um die Hintergründe sowie Kerne des Ansatzes zunächst sowohl in ihrer Entstehungsgeschichte, als auch in Abgrenzung zu ähnlichen Verfahren, die etwas mit „Rollen" zu tun haben, zu zeigen. Deshalb gehen wir am Anfang auch ein auf *Theater* allgemein und auf seine Spielarten. Alle Feinheiten können natürlich auf dem bereitgestellten Raum nicht ausgebreitet werden. Spiele, Lehrspiele und Inszenierungen mit Puppen, Marionetten und anderen nicht lebenden Figuren sind aber ebenfalls in Schulen verbreitet. Menschen verschiedener Generationen haben so den „Verkehrskasper" kennengelernt. Im Raum Heilbronn kommt regelmäßig eine Puppe namens *Benni* in den Klassen 1 und 2 der Grundschulen zum Einsatz; *Benni* zeigt rollenspielerisch soziales Verhalten und dient dem Lehrpersonal als Medium (Heilbronner Bürgerstiftung, weblinks).

Als nächstes wird das Pädagogische Rollenspiel skizziert – offenbar verknüpft mit Ansätzen der Verhaltensmodifikation und -Therapie. Dazu zeigen wir en detail viele Techniken und Methoden, die bei der „Performance" hilfreich sein können. Praxisbeispiele aus unterschiedlichen Tätigkeitsfeldern schließen an. Die Beispiele sind aber nicht als Vorlage zur Nachahmung aufgelistet, sondern sollen mustergültig Mut machen, ähnliche, andere Zugänge zu gestalten. Sehen wir uns die Vorgehensweise im Einzelnen an, so verdanken wir die vielschichtige aber leicht erlernbare Systematik dem emeritierten Berliner Hochschullehrer Wolfgang Wendlandt, der über Jahrzehnte mit Engagement und Verve VT und Spiel verknüpft hat.

Im Mittelpunkt dieser *essentials* steht also das Pädagogische Rollenspiel – eine hervorragend geeignete szenische Trainings- und Beratungsmethode ohne Anspruch auf universelle Wirksamkeit; denn „wenn die experimentelle Psychologie nur die eingeebnete Abbildung der Verhaltensweisen einer wohl psychologischen, aber dem Wesen nach gesellschaftlichen Wirklichkeit sieht, verhält sie sich ein wenig wie der Zusachauer eines Schattenspiels, der die Behauptung, die realen Personen der Handlung hätten in Wirklichkeit eine dritte Dimension, die nicht als solche auf dem Schirm erscheinen könne, ins Reich der bloßen philosophischen Spekulation verweisen würde" (Seve 1972, S. 438).

Rollenspiele: Abgrenzungen 2

Um das Typische, das Besondere und das Alleinstellungsmerkmal von *Rollenspiel* besser erkennen zu können, versuche ich im Folgenden eine Abgrenzung zu einigen anderen, wichtigen Spielformen, die schließlich historisch oft nebeneinander gewachsen sind und neben vielen Gemeinsamkeiten immer spezielle Eigenarten mitbringen. Umstrittene psychotherapeutische Ansätze wie die Transaktionsanalyse bezeichnen z. B. das *regelhafte Verhalten* als Spiel. Auch da ist etwas dran. Andererseits würde es sicher Sinn machen, sich vor jedem Rollenspiel im Alltag und/oder vor jeder Lüge eine Maske aufzusetzen...

2.1 Theaterspiel

Als Minimalformel von Theater kann gelten: Person A spielt eine andere Person (B), und Person C schaut zu (und *beide* haben dabei ein Bewusstsein von ihren Rollen als Spielende bzw. Zuschauer). Das bedeutet vor allem: zum Theater gehört ein Publikum. Das Publikum kann in einer Aufführung diese teilweise beeinflussen (Zustimmung und Ablehnung).

Theater ist es eine Sparte der Kunst und deshalb frei. Theater erzählt über Menschen und über das Leben. Die Zuschauer können sich und andere wiedererkennen und Neues entdecken. Ein Bühnengeschehen kann bestätigen oder konterkarieren, kann neue Perspektiven eröffnen oder den Blick für Alternativen schärfen. Sprachliche Formulierungen, die Figuren sowie die Gesten der Schauspieler unterliegen hierbei einer ständigen Anpassung an den gesellschaftlichen Kontext. Theater bedeutet *Schaustätte* und ist die Bezeichnung für eine szenische Darstellung eines inneren und äußeren Geschehens als künstlerische Kommunikation zwischen Darstellern und dem Publikum; gemeint ist sowohl der Prozess des *Theater-Spielens* oder auch allgemein eine Theatergruppe.

M. Günther, *Pädagogisches Rollenspiel*, essentials,
https://doi.org/10.1007/978-3-658-22793-7_2

Im Theater der griechischen Antike wurden Grundsätze erfunden, die das Theater erschufen. Mit dem „Theatron", dem Zuschauerraum, wurde einerseits die Möglichkeit zu Diskussionen der griechischen Demokratie ermöglicht, aber auch die religiösen Feste, vor allem die Dionysien, abgehalten; in dieser Zeit bildeten Politik und Religion eine untrennbare Einheit. Typisch war die Einheit von Handlung, Ort und Zeit im Drama.

Das Athener Dionysos wurde zum Prototyp des Theaters und in die griechischen Kolonien im ganzen Mittelmeerraum exportiert. Es besaß neben dem Zuschauerraum eine Bühne. Es wurden Tragödien, Komödien sowie das heitere Nachspiel der Tragödien, das Satyrspiel gegeben. Die Römer übernahmen die griechische Theaterkultur. Parallel war dort auch die Pantomime verbreitet. Gegen Ende des Mittelalters entstanden Fastnachtspiele und *Morality Plays*. Erst später gab es auch Berufsschauspieler. In den Großstädten kam ein urbaner, kommerzieller Theaterbetrieb hinzu, und der immer größer werdende Andrang und die Erweiterung des Spiels forderten bald die Abwandlung vom höfischen Theater zum Volkstheater. Dennoch wurden hier Zuschauerräume eingerichtet, deren Ränge und Logen die Hierarchie der Gesellschaft abbildeten (vgl. de.wikipedia. org *Theater*).

Heute ist Theater allgegenwärtig, in seiner klassischen wie in seiner „Off"-Version. Weiterhin arbeiten fliegende Gruppen, die wie Zirkus-Unternehmen ihr Glück versuchen. Aus dem Satyr wurde das Kabarett, und hinzu kam später noch „Comedy", nicht englisch = Komödie, sondern unpolitisches oberflächliches Stegreif-Amüsiertreiben mit Witzen und Wortspielen.

2.2 Improvisationstheater

Improtheater: Früher hätte man Stegreiftheater gesagt. Auf der Bühne stehen in der Regel halbprofessionelle Schauspieler (sowohl auf die Ausbildung, als auch auf den Erwerbsberuf bezogen) und spielen Szenen, die das Publikum sich wünscht. Häufig werden Vorschläge gemacht, was die Themenfelder angeht. Die Improvisation wird zur eigenständigen Kunstform und ist heute weltweit verbreitet.

Theatersport: In dieser Variante des Improtheaters treten zwei Mannschaften an, die Disziplinen und Aufgaben werden mit dem Publikum abgestimmt, das auch die Leistungen bewertet.

Playback Theater: In diesem Verfahren schildern ZuschauerInnen besondere Begebenheiten aus ihrem Leben und SchauspielerInnen setzen diese danac auf der Bühne so um, dass die Alltagserfahrungen eine andere Dimension durch die Sprache, Musik und den Körperausdruck der Theaterleute erlangen. Ursprünge kann man bei der Commedia dell'*arte* fixieren.

Geschichten entstehen spontan. Auf der Bühne gibt es keine Regie als herausgehobene Leistung. Die anwesenden SchauspielerInnen stimmen ihre Performance kurz oder gar nicht ab. Entscheidend ist, dass recht dramatische Szenen ohne geschriebenen Dialog auf die Bühne gelangen, zur Freude des überraschten Publikums. Außer Applaus und ggf. Bewertung durch eine Jury findet kein Feedback zu einzelnen Passagen oder Aspekten statt.

2.3 Rollenspiele (ganz allgemein)

Immer wenn spielerisch nachgeahmtes Rollenverhalten im Raum steht, sprechen wir von „Rollenspiel".

SpielwissenschaftlerInnen beschreiben diesen besonderen Spielgedanken mit „spielend ein anderer sein". Dabei kann es sehr wohl Regeln geben und Rahmen für Szenarien, aber ausschlaggebend ist die Fantasie der Spielenden.

Die Spielwelt erscheint dabei sehr breit gefächert, denn jedes mögliche Genre kann als Hintergrund für Rollenspiele zum Einsatz kommen. Historisches, Science-Fiction, Horror und andere Fantasie-Szenarien, „neue Sozialisationsagenturen im Jugendalter" (Prokop und Jansen 2006, im Buchtitel) – stehen neben eher klassischen Ansätzen, sieht man sich das spielende Kind mit dem Kaufladen oder mit Figuren der *Playmobil*-Welt einmal an.

Wir werden im Folgenden sehen, dass es verschiedenartigste Formen gibt. Rollenspiele können spontan und frei assoziiert erfolgen, sie können aber auch rituell-religiös gefasst sein.

Weitere Sonderformen, auf die wir in diesem Text nicht näher eingehen können, sind *Pen Paper, Computer-Rollenspiel* und *Live Action Role Playing.*

Angemerkt sei noch, dass (bewaffnete) Kämpfe und später Kriegsspiele unter Jungen mit abgestimmten Rollen und sich brüstenden Siegern altersgemäß und eher ungefährlich sind, unter Umständen pädagogisch hilfreich (Fairness-Einübung) und weder in der Regel und schon gar nicht zwangsläufig Vorstufe des „jungen Militaristen" sein werden.

2.4   Scharade

Zur Freizeitgestaltung privat, an Winterabenden, bei Partys oder an Festtagen, nicht selten an Kindergeburtstagen zeigt sich eine Spielleitung vor der Gruppe der anderen TeilnehmerInnen und bereitet Zettel vor, auf denen jeweils ein anderes zusammengesetztes Hauptwort steht. Es soll sich um etwas Konkretes und Anfassbares handeln. Außerdem können Film- oder Buchtitel fixiert werden. Jede/r MitspielerIn zieht einen der zusammengefalteten Zettel und spielt danach pantomimisch vor den anderen so lange bis die Gruppe das Wort, den Begriff oder den Titel erraten hat. Alternativ kann vereinbart werden, dass immer jene Person, die die Pantomime zuerst auflöst, als nächstes weiterspielen darf und dazu einen Zettel zieht. Wird es in einer vorgegebenen Zeit nicht erraten, löst die Spielleitung auf und nimmt lässt erneut einen Zettel ziehen. Schließlich kann man auch ohne Spielleitung diese Variante wählen: Eine Person beginnt freiwillig und denkt sich einen Begriff aus, der aber aufgeschrieben werden sollte, und wer es errät, ist als nächstes dran.

Die Scharade ist also eine Sonderform eines angeleiteten pantomimischen Rollenspiels. Eine entsprechende Brettspiel-Sammlung heißt „Activity". Spielt man in zwei Gruppen, und das bietet sich an, wenn etwa 12–20 Personen im Raum mitspielen, weiß jeweils die Hälfte der Anwesenden bereits über den gesuchten Begriff Bescheid und amüsiert sich bei den Fehlversuchen. Denn: Jemand aus der Gruppe zieht einen Vorschlag der Gegner, zeigt nur den Gegnern diesen den Vorschlag und die eigene Gruppe muss raten. Eine Moderation ist auch in diesem Fall nützlich. Je nach Verabredung dürfen auch Eigennamen und geografische Begriffe herangezogen werden.

2.5   Aktuelle, moderne Rollenspiel-Kulturen

I Rollenspiele in Kostümen finden wir aktuell im Trend vielfältig unter „normalen" Erwachsenen. So zeigen sich auch in Deutschland bei unterschiedlichen Gelegenheiten seit den 1990er Jahren (überwiegend erwachsene) Anhänger der kulturellen *Steampunk*-Bewegung des *Retro-Futurismus*. Diese Menschen haben ein bestimmtes Lebensgefühl, das sie veranlasst, Retrolook-Fantasien in die Wirklichkeit umzusetzen. Anhänger verabreden sich, sie tauschen sich aus und zeigen sich in der Öffentlichkeit. Spezielle Geschäfte, lokal oder online beziehungsweise *fliegende Händler* bieten die Utensilien dazu an.

Das Rollenspiel Steampunk ist erkennbar an den Kostümen des viktorianischen Zeitalters. Es bleibt aber nicht bei dieser veralteten Mode, sondern die Mitspieler ergänzen die typischen Insignien mit modernen Geräten wie Fotokameras oder Handys im Steampunk-Style. Den begrifflichen Hintergrund bilden Dampfmaschine und die Sci-Fi-Literatur des Cyberpunks. Zu den wiederkehrenden Accessoires gehören die Taschenuhr, die Schutzbrille, Korsetts bei Frauen kombiniert mit Fliegerjacken, der Zylinderhut und vieles mehr. Steampunk erscheint öffentlich als ein subkulturelles Rollenspiel – man könnte das Auftreten auch als exhibitionistisch bezeichnen. Die RollenspielerInnen nehmen häufig an anderen Kulturveranstaltungen teil, werden auch geladen, ohne aber störend, belehrend oder werbend aufzutreten. Sie genießen es, ihre umfänglichen wertvollen und ausgewählten Kleidungsstücke zu tragen, zu zeigen und mit Gleichgesinnten zu besprechen. Sie lassen sich gern fotografieren und auch untereinander werden Unmengen von Fotos hergestellt.

II Besucht man z. B. die jährliche Leipziger Buchmesse, so begegnet dem überraschten Gast eine Vielzahl von verkleideten jungen Menschen zwischen 15 und 30 Jahren. Sie betreten kostümiert das Gelände und zeigen sich. Die Motive sind den Ansätzen *Cosplay, Manga* und *Anime* entlehnt und häufig in aufwendig selbstgefertigten Kostümen realisiert. Vorbilder sind spezielle Figuren aus japanischen Comics, detailgetreu nachgeahmt.

Die Messeleitung wünscht sich die Cosplayers zwar als Bereicherung, macht aber gut 50 Auflagen, denn es muss z. B. verhindert werden, dass echte Waffen aufs Gelände gelangen. Zu den verbotenen Accessoires gehören Vollmasken, Zombie-Kostüme, abfärbendes Make-Up, Armee- und Kampfanzüge, scharfe Ecken und Kanten, Kunstblut, Tanto-Messer, Schleppen und Schwänze über 1 m, Sensen über 1,5 m, Waffen-Imitate nicht aus Metall oder Plexiglas oder aus über 3 cm dickem Holz sowie Würgewaffen und Nunchakus nur mit nichtmetallischen Ketten. Sehr aufwendig gestaltet sich folglich der Requisitencheck.

Auf einer Wettbewerbsbühne sind auch Showkämpfe erlaubt. Ziel dieser *Manga-Comic-Con* ist es, junge Menschen für den Messebesuch zu gewinnen. So entstehen Parallelwelten: Traditionelle Messebesucher sehen sich die buchbezogenen Veranstaltungen an, junge von Rollenspielen angezogene Menschen, ob verkleidet oder nicht, sehen sich die Cosplayers in der Regel ohne jedes Interesse an Büchern an. Das kritisierte z. B. auch der SWR-Redakteur Otte und forderte 2017 folgenlos ein Ende des Klamauks („Kein Ort für nackte Hasen", SWR 2, 17.03.2017). Allerdings ist auch eine Reihe von Ausstellern mit Mangabezogenen Artbooks, Comics und Games am Ort.

2.6   Sozialtherapeutisches Rollenspiel

Im Bereich der Suchttherapie bzw. der Behandlung des Abhängigkeitssyndroms spricht man explizit von Sozialtherapie, für die es von den Kostenträgern anerkannte Ausbildungen gibt und für die differenzierte Modelle bestehen. Auch in anderen Feldern psychosozialer Hilfeleistung, bei Menschen in der Krise oder in der Geriatrie sowie über Theologen in der Seelsorge wird dieser Ansatz verwendet. Sozialtherapie schließt ein die ökonomische Situation, die Erwerbstätigkeit und das Wohnen der Klientel. Ein prominenter Vertreter ist Horst-Eberhard Richter (vgl. Richter 2014, S. 24 ff.).

Schließlich sind Gefängnisse ein Ort der Sozialtherapie; die meisten Bundesländer besitzen selbstständige oder unselbstständige Häuser dieser Art. In diesen 60 Einrichtungen befinden sich Gefangene für den Fall, dass die besonderen therapeutischen Mittel und sozialen Hilfen einer solchen Anstalt zu ihrer Resozialisierung angezeigt sind.

Auf diesem Hintergrund (Zusatz-Ausbildungen zum Sozialtherapeuten finden in Aus-, Fort- und Weiterbildungsstätten statt) hat die Münchner Fachhochschullehrerin Adelheid Stein ab 1972 an einem Curriculum für spezielles Sozialtherapeutisches Rollenspiel gearbeitet (vgl. *de.wikipedia* Sozialtherapeutisches Rollenspiel). Der Ansatz ist tiefenpsychologisch fundiert; das Institut wird heute aber nicht von Psychologen, sondern von VertreterInnen der Berufsfelder Sozialarbeit und Theologie (zur „Verlebendigung der Bibel") geführt. Die Ausbildung erfolgt dezentral in den Arbeitskreisen Bamberg/Erfurt, Dresden/Leipzig, München sowie Regensburg/Passau, Die Rollenspieltrainings werden alternativ für die psychosoziale Arbeit oder für die pastorale und diakonische Arbeit angeboten.

Da der Begriff „Sozialtherapeutisches Rollenspiel" glücklicherweise nicht geschützt wurde, können in verschiedensten Ausbildungsstätten Fachkräfte eine entsprechende Zusatzausbildung erhalten.

2.7   Psychodrama

Eine Psychodrama-Sitzung kann wie ein Pädagogisches Rollenspiel wirken, ein Pädagogisches Rollenspiel kann unter Umständen von der Dynamik her einen Psychodrama-ähnlichen Verlauf nehmen.

In den 1940er Jahren entwickelte der US-Psychologe Moreno diese aus dem Stegreifspiel kommende Methode als psychotherapeutischen Ansatz. In Deutschland zählen wir diese und andere Ansätze zu den „kleinen" oder „weichen"

Psychotherapiemethoden, denn sie gehören nicht in die Gruppe der im Psycho-
therapeutengesetz von 1999 festgehaltenen Methoden, die anerkannt und von
Krankenkassen finanziert werden; solche müssten nämlich entsprechend gründlich,
systematisch und mit fachlich-rechtlichen staatlichen Standards aufgebaut sein.
Fast alle Psychotherapeuten (basierend auf den Grundberufen Diplom-Psychologe,
Master Psychologe bzw. Arzt/Ärztin) besitzen den mehrere Ausbildungen und
Zusatzausbildungen. Das Psychodrama gehört zur Bereicherung des Methodens-
pektrums bei einigen, vor allem tiefenpsychologisch Orientierten dazu, denn es ver-
mag in entsprechenden Gruppen-Situationen die Thematik eines Patienten freiwillig
mit Unterstützung der Gruppe und mithilfe von Regeln des Spielleiters (=Psycho-
therapeut) sowie mit einem ausgewählten „Hilfs-Ich" (ein/e MitpatientIn oder der/
die TherapeutIn unterstützt) zu bearbeiten.

2.8 Rollenspiel und Gestalttherapie

Auch die Gestalttherapie nach Pearls impliziert und ist verknüpft mit einer Reihe
von Übungen, in denen systematisch Lern- oder Therapieziele verfolgt werden.
Da das Konzept der Gestaltgruppen im deutschsprachigen Raum lange Zeit offen
im Hinblick auf die (gebührenpflichtigen) Therapieseminare war, fanden sich in
den Gruppen sowohl interessierte Laien, PädagogInnen, PsychologInnen und psychisch leidende KlientInnen in einem Kreis. Da im Rollenspiel „alle gleich" sind,
ist dieser Ansatz auch in diesem Kontext hilfreich und beliebt. Eine Übungsvari-
ante stellt die Technik des „leeren Stuhls" dar, bei deren Umsetzung ein unbesetz-
ter Stuhl oder ein ähnliches Requisit Verwendung findet.

„Der leere Stuhl dient gemäß dabei als Projektionsfläche und Platzhalter für
Bezugspersonen, die für den Klienten im Zusammenhang mit einem bestimmten
Thema bedeutsam, aber abwesend sind, oder für einen Persönlichkeitsanteil des
Klienten, oder ein Gefühl usw." (*de.wikipedia* Gestalttherapie). Bei dieser„Phan-
tasiegesprächs-Technik" wird der/die KlientIn aufgefordert, sich in der Phantasie
vorzustellen, dass die abwesende Bezugsperson, oder das Gefühl etc. auf dem
leeren Stuhl säße, um dann mit ihm einen Dialog zu entwickeln. „Der leere Stuhl
kann auch als räumliche Markierung für bestimmte Seiten der eigenen Person,
mit denen sich der Klient beschäftigt, dienen. (…) Mit dem Wechsel von Rede
und Gegenrede können die Therapeuten ihre Klienten dazu auffordern auch ihren
äußeren Platz aktiv zu wechseln und sich jeweils auf den Stuhl zusetzen, auf dem
die momentan aktive Seite situativ verankert ist" (*de.wikipedia*, Gestalttherapie).

Neben Spielen dieser Art sind für den gestalttherapeutischen Ansatz wichtig Experimente, Hausaufgaben und vor allem situationsbezogene Interventionen zu proben. Alle Techniken sind schließlich darauf ausgerichtet, Bewusstheit über Wahrnehmungen und Erleben bei den Gruppenmitgliedern in deren jeweiliger persönlicher Situation zu fördern.

Weitere Anwendungsfelder für Pädagogische Rollenspiele sollen nicht unerwähnt bleiben, ohne sie hier ausführen zu können: Selbstverständlich werden solche Spiele immer wieder genutzt sowohl in der Gruppenpsychotherapie mit Kindern als auch in der Klientenzentrierten Spieltherapie.

2.9   Das Planspiel

Die verbreitete Methode des Planspiels ist zu erwähnen, weil sie der *Regelspielkomponente* und der Komponente *Umwelt des Systems* immer auch Rollenspiele interaktiv heranzieht. Das Planspiel dient insbesondere der Simulation (konfliktträchtiger) Aufgaben, Situationen und Prozesse. Planspiel ist *Action Learning*. Neben den Feldern Unternehmung, Personalführung sowie Militär werden Planspiele gern eingesetzt in der Demokratieerziehung. Agierende arbeiten meist in Kleingruppen; ähnlich wie beim Pädagogischen Rollenspiel erhalten MitspielerInnen vorab Rahmen-Informationen über Ablauf und Rollenprofile. Selbstverständlich werden die Planspielergebnisse auch aufgearbeitet – mit Feedback, Reflexionen, Zusammenfassungen und ggf. Dokumentation für die Praxis mit Transferabsichten in die reale Situation.

Pädagogische Rollenspiele 3

3.1 Ausgangs-Idee

Spiele und Methoden mit spielerischen Anteilen in Seminaren sind ein wichtiges Thema für deren TrainerInnen. Ein offenes und lebendiges Klima ist die beste Voraussetzung für eine aktive und effektive Lernsituation. Die Lebendigkeit, verknüpft mit angemessener Tiefe der Inhalte, machen diese erlebbarer, bleiben so besser im Gedächtnis haften, regen die Kreativität den Teilnehmenden an und bringen ggf. den Kreislauf in Schwung. Rollenspiele im pädagogischen Kontext können aber auch Emotionen freisetzen, die dem Teilnehmer manche Inhalte und Selbst-Erlebtes bewusster machen. „Role-playing techniques have been incorporated into several social skills and effective education programs concerned specifically with the learning of values and standards" (Walker et al. 2007, S. 218). Wichtig hierbei ist das Ergebnis für die Teilnehmenden, denn sie erhalten unter diesen, gesteuerten Umständen ein neues Bewusstsein für das Lernen und die Nachhaltigkeit des erworbenen Wissens durch spielerisches Lernen – eine Position, die z. B. der *Trainplan Seminar- und Rollenspiele* vertritt (vgl. Schmitt 2012).

Vater des Pädagogischen Rollenspiels ist aus meiner Sicht Wendlandt. Der Psychologe war Wissenschaftlicher Mitarbeiter an der TU Berlin in den 1970er Jahren und wurde dann Professor an der Alice-Salomon Hochschule für Sozialarbeit und Sozialpädagogik Berlin. Neben seinem Engagement für das Pädagogische Rollenspiel gilt er auch als „Stotter-Papst", weil zahlreiche Schriften und Initiativen zur Stotterertherapie von ihm ausgingen. Wendlandt fundierte mit zwei Schriften bereits in den späten 1970er Jahren das Pädagogische Rollenspiel aus der Perspektive eines „gläubigen" kognitiven Verhaltenstherapeuten (Wendlandt 1977; Wendlandt Hrsg. 1979).

© Springer Fachmedien Wiesbaden GmbH, ein Teil von Springer Nature 2019
M. Günther, *Pädagogisches Rollenspiel*, essentials,
https://doi.org/10.1007/978-3-658-22793-7_3

Somit handelt es sich um ein effektives Gruppenverfahren mit handlungsorientierten Lösungen und hat sich nicht aus dem Psychodrama heraus entwickelt.

3.2   Verhältnis zur Verhaltenstherapie (VT)

Der Einsatz von Rollenspielmethoden erfolgte schon früh in den 1960er Jahren im Feld der Angsttherapie – der systematische Angstabbau wurde vorangetrieben z. B. beim renommierten Forscher Wolpe über eine gestufte Reizkonfrontation (Wolpe 1972, S. 10 ff.). Rollenspiele halfen in der VT, und insbesondere in den *Behavior Modification Techniques* (BMT), um Verhaltensdefizite zu kompensieren und um Formen erwünschten Verhaltens einzuüben. Schließlich kamen sie ebenfalls zum Einsatz im Kontext von Einstellungsänderungen (im therapeutischen Prozess), was kein unmittelbares Rollenspielthema mehr war und ist.

Das BMT-Rollenspiel ermöglicht störungsfreie Handlungsabläufe auf der Basis von Handlungsplänen und einer funktionalen Bedingungsanalyse (entspricht der bekannten Verhaltensanalyse nach Kanfer und Philipps 1995, S. 76 ff.). Der Trainer kann orientieren, strukturieren und hierarchisch vorgehen. Ziel der Trainings ist meist, in einem längeren Prozess zunehmend Realitätsnähe zu erzeugen. Schließlich gehen Trainer auch in die natürliche Umgebung, um spielerisch zu üben, immer mit dem „Instrumentenkoffer", der die professionelle Vor- und Nachbereitung garantiert. Nach den Übungen kann die Verhaltensrückkoppelung kurz „auf der Straße", gründlich aber später im Seminar erfolgen. Ohne ein gezieltes, zeitaufwendiges Feedback kann vom Selbstverständnis her kein Pädagogisches Rollenspiel Wirkung zeigen.

Bahnbrechend waren die US-Autoren Tharp und Wetzel, weil sie als Hochschullehrer ebendiesen zeigten und empfahlen, wie man draußen, am Ort, in der natürlichen Umgebung Trainings mit Unterstützung von „Mediatoren" veranstaltet, Mut hat zu Rollenspielen und anderen Interventionen, ob auf dem Weg zur Schule oder im Fahrstuhl, ob im Armenviertel oder Nahe der 1.-Hilfe-Station (vgl. Tharp und Wetzel 1970).

Schließlich war es in Deutschland (West-Berlin) besagter Wolfgang Wendlandt, der früh in den 1970er Jahren als Verhaltenstherapeut das Instrument des Pädagogischen Rollenspiels weiterentwickelte, für den Schulbereich fundierte und verbreitete (Wendlandt 1977; Wendlandt Hrsg. 1979).

Solche Rollenspiele sind immer daran gut zu erkennen, dass sie systematisch aufgebaut sind, relativ streng dargeboten werden müssen, was Regeln und Interventionen angehen und dass sie *nicht* psychologisch interpretierend „in die

Tiefe" gehen. Strenger Rahmen, aber fröhliches, stressfreies Spiel, so könnte die Maxime für diesen formal besonderen Verhaltensmodifikations-Ansatz lauten.

3.3 Aus-, Fort- und Weiterbildung

Eine Fortbildung „Pädagogisches Rollenspiel" dauert in der Regel 16 Semesterdoppelstunden oder berufsbegleitend vier bis fünf Blockveranstaltungstage. Es gibt auch Anbieter, die mit zwei ganzen oder vier halben Tagen auskommen (das wäre das absolute Minimum, alles andere wäre wohl Augenwischerei), eine Norm existiert aber nicht. Danach kann dann ein Zertifikat gereicht werden, und auch dafür existieren keine Normen in Deutschland.

Bei den Anbietern solcher Fortbildungen handelt es sich um Hochschulen und Universitäten, um Fort- und Weiterbildungsstätten für Sozialpädagogik der Länder oder um freigemeinnützige Träger, Institute, Akademien oder Vereine. Auch kommerzielle Anbieter kommen in Betracht, diese wirken vornehmlich im Feld der Wirtschaft, des Handels und der Industrie.

Zur Wertigkeit gibt es naturgemäß sehr unterschiedliche Meinungen. Manche Fachkräfte halten den Rollenspielansatz für brauchbar und stellen die Bedeutung z. B. neben die Technik der „Gesprächsführung" nach Rogers. Andere halten fundierte Kenntnisse im Pädagogischen Rollenspiel sogar für unverzichtbar, will man mit Zielpersonen geschützt problematisches Verhalten nebeneinander stellen und ggf. ändern.

Curricula in Fachschulen für Sozialpädagogik haben häufig Arbeitsphasen für die Auseinandersetzung mit „kleinen Therapien" sowie mit Rollenspieltechniken integriert. Der Autor dieses *essentials* führte den Ansatz „Pädagogisches Rollenspiel" explizit in die Trainings (Kleingruppenarbeit) für Handlungskompetenz eines Brandenburger Weiterbildungscurriculums ein (vgl. Günther 1984, S. 11, weblinks).

Gelingensbedingungen: Das formale Setting

Wir unterscheiden zwei Arten von Arbeitsgruppen, in denen Pädagogische Rollenspiele umgesetzt werden: erstens mit unmittelbaren Zielpersonen aus dem Tätigkeitsfeld der Rollenspielleitung, in der Regel also eine Schulklasse oder Gruppe im Hort bzw. in der Offenen Jugendarbeit. Das Spiel wird organisiert mit Kindern und Jugendlichen, damit bei ihnen Verhaltensveränderungsprozesse angegangen werden.

Anders gelagert ist natürlich die Gruppenarbeit mit Lernenden, Studierenden und späteren „Rollenspielagenten", die diese und andere Methoden erlernen, um in Folge diese an ihren Arbeitsplätzen einzusetzen. Lernziele des Pädagogischen Rollenspiels können in beiden Gruppen nur dann erreicht werden, wenn ziemlich streng die Rahmenbedingungen eingehalten werden. Überspitzt könnte man auch sagen: bei der Anwendung des Pädagogischen Rollenspiels ist die Form noch wichtiger als der nahezu „beliebige" Spielinhalt.

4.1 Arbeit mit unmittelbaren Zielgruppen

SozialpädagogInnen, LehrerInnen, SozialarbeiterInnen und ErzieherInnen sowie GruppentherapeutInnen befassen sich je nach Aufgabenfeld mit Kindern, Jugendlichen, mit Erwachsenen, Paaren und auch mit alten Menschen. Maxime in der Arbeit mit ebensolchen Zielgruppen ist zweierlei gleichermaßen: Pädagogische Rollenspiele machen wir nicht *zum Spaß* – aber sie sollten in der Regel Spaß machen. Wir unterteilen eine Spielsitzung, die bezogen auf diesen Personenkreis zwischen 40 min und $2^{1/4}$ h dauern kann, in

1) Einleitung,
2) Themen auswählen,

© Springer Fachmedien Wiesbaden GmbH, ein Teil von Springer Nature 2019
M. Günther, *Pädagogisches Rollenspiel*, essentials,
https://doi.org/10.1007/978-3-658-22793-7_4

3) SpielerInnen auswählen,
4) bei Bedarf vorab Eindoppeln (wird in Abschn. 5.3 als Technik genauer vorgestellt),
5) Spielen, bei Bedarf Rollentausch,
6) Feedback (A Protagonisten, B Protokollberichterstattung, C Feedback (Gruppe)).

Zu den Spielphasen: Die kompetente Spielleitung befindet sich vor einer Gruppe von 6–30 gleichberechtigten „SchülerInnen" und hat mit diesen einen Vertrag abgeschlossen, dass mittels Rollenspiel, an dem sich alle beteiligen, besondere und schwierige Verhaltensweisen ausgeformt werden sollen. Die Betonung liegt auf „alle"; zwar werden ständig auch *Beobachter* eingesetzt, die nicht aktiv im Spielprozess stecken und „nur" protokollieren, aber auch das rotiert und alle werden schließlich einmal an die Reihe kommen und ggf. Hauptrollen (ProtagonistInnen) spielen. Ohne diesen Konsens kann keine erfolgreiche Gruppenarbeit starten. Anders wäre es, wenn das Auditorium mehr als 30 Personen fasste, diese womöglich in Reihen säßen und kein Raum vorhanden wäre für Teilungsgruppen. Nur in solchen Fällen („steife Räume") darf mithilfe von Freiwilligen vor Publikum gearbeitet werden; solche Spiele haben dann immer eher Demonstrationscharakter, müssen aber ebenso sorgsam in allen Phasen und mit reichlich Zeit präsentiert werden.

Nehmen wir einmal an, 12 Personen befinden sich im Raum. Nun werden diese aufgefordert, auf einen Zettel jeweils drei Situationen zu beschreiben, die sich auf ausgewählte Problemverhalten beziehen. Die Vorauswahl trifft die Spielleitung; befinde ich mich in einer Schulklasse oder Heimgruppe mit Minderjährigen, ist über den pädagogischen Gegenstand ja bereits klar, worum es in etwa geht (Konflikte der letzten Wochen, Leitbild, soziales Lernen o. a.). Alle TeilnehmerInnen begeben sich daran zu überlegen, welche konkreten Situationen schon einmal passiert sind und und/oder (nach)spielbar wären. Hat die Spielleitung für heute die Thematiken „Angriffe aushalten, Selbstbehauptung, Widerstand leisten" ausgewählt, fällt bestimmt allen Teilnehmenden dazu jeweils etwas ein, was sie kurz *in drei Sätzen* zu Papier bringen. Eine andere Gruppe von Thematiken wäre „Kontakt suchen, Fremde ansprechen, Beziehungen pflegen".

Bei erfolgreicher Umsetzung dieses Unterfangens lassen sich gegenüber der Klientel dann beispielsweise auch hoch sensible Themen ansprechen und konstruktiv bearbeiten. In vertrauensvoller Atmosphäre bekommen die Teilnehmenden im Kontext der praktischen Übungen nun (vorrangig Rollenspiele) Gelegenheiten, eigene Praxisfälle oder private Probleme anzusprechen und sich in der *Beratung* zu üben. Die Teilnehmenden werden daher um die aktive Teilnahme an Rollenspielen und anderen Übungen gebeten. Während der Abende werden Literaturhinweise gegeben. Befinde ich mich in einer Gruppe, die zusammengekommen ist, um einen einzigen aktuellen Konflikt rollenspielerisch aufzuarbeiten, entfällt Phase 2 natürlich.

4.2 Rollenspiel als Weiterbildungsbaustein

Erwachsene SchülerInnen sowie Studierende in der Weiterbildung haben in der Regel gar keinen so großen fachlich-sachlichen Vorsprung vor unmittelbaren Zielpersonen und dürfen im Prinzip nicht anders behandelt und unterrichtet werden in der Grundausbildung, als Zielpersonen in der Gruppe mit Problemträgern. Es werden vergleichbare Situationen und Spiele ausgewählt und die Einbeziehung ist nicht weniger aufmerksam zu gestalten. Mit Erwachsenen sollte immer zunächst ein Zielvereinbarungsgespräch geführt werden, bei SchülerInnen je nach Gruppe.

Wir unterteilen eine Spielsitzung, die zwischen 90 min und $2^{1/4}$ h dauern kann, ebenfalls in 1) Einleitung, 2) Themen auswählen, 3) SpielerInnen auswählen, 4) Eindoppeln, 5) Spielen, 6) Feedback (Protagonisten), Protokollberichterstattung, Feedback (Gruppe).

Weitere Regeln lauten genau wie mit den Gruppen oben: Spielvorschläge müssen aus dem Alltag kommen, sie müssen konkret sichtbar zu machen sein, sie müssen mit Aktivitäten verbunden sein und auf der Verhaltensebene darstellbar. In den Feedback-Phasen sind mit Sicherheit von den Studierenden differenzierende Äußerungen zu hören und die Protokolle haben bestimmt auch fachlich Anspruchsvolles zu bieten.

Wurde also im Verlauf der Einleitung geklärt, was nun angeboten werden soll und welcher Rahmen herzustellen ist für die Ausbildung in „Pädagogisches Rollenspiel", dann können die Themen eingefordert und eingesammelt werden. Alle Anwesenden sind gleichberechtigt bei der Auswahl von z. B. vier Themen. Mehrheitlich wird entschieden und die Spielleitung vertraut den Anwesenden, dass die Auswahl nach Relevanz, Spielbarkeit und Sinnhaftigkeit erfolgt.

Meist sind alle motiviert, eine bestimmte Rolle in der folgenden Sitzung einzunehmen, sei es als ProtokollantIn (da kann man in einer großen Gruppe auch bis zu acht Personen beauftragen, die dann in Zweiergruppen in allen vier Himmelsrichtungen außen im Raum sitzen und Notizen machen), HauptdarstellerInnen oder NebenrollendarstellerInnen. Es ist ja allen bekannt, dass sie zum Erlernen der Fertigkeiten Praxis benötigen. Schließlich, in der fortgeschrittenen Ausbildungsphase, wird nach einigen Übungssitzungen auch die Rolle der Rollenspielleitung mit TeilnehmerInnen besetzt und die verantwortliche Person zieht sich zurück in die supervisierende, coachende Beobachterrolle.

Übrigens wird die Rollenspielleitung je nach Verlauf häufig ein „Stopp" rufen; nur zwischen den Befehlen „Stopp" und „Spiel läuft" dürfen Spielende ihre Rolle verlassen und – moderat – diskutieren.

Nicht gespielt werden können übrigens auch mit diesen Erwachsenen „vom Fach" besondere psychologisch recht sensible Themen-Komplexe wie z. B. „Angst/Flugangst", diese gehören in regelrechte Therapiesitzungen.

Rollenspiel-Techniken 5

Grundsätzlich sollte allen Lernenden klar sein, dass die folgenden Techniken nicht von den Erfindern des Pädagogischen Rollenspiels entwickelt worden sind, sondern eine je eigene Geschichte besitzen, also auch z. T. älter sind oder später hinzugezogen worden sind, um das systematische Vorgehen im Pädagogischen Rollenspiel weiter auszubauen und zu fundieren. Wie später noch im Kontext der „Add-ons" gezeigt werden wird, entstammen solchen Techniken auch nicht selten der Systemischen Familientherapie, ohne das jeweils ein Urheber genauestens genannt werden könnte. Um alle möglichen diesbezüglichen Missverständnisse auszuschließen: Techniken wie „Blitzlicht" oder „Warming ups" existieren seit längerem auch unabhängig vom hier zur Diskussion gestellten Pädagogischen Rollenspiel.

5.1 Zielverhalten-Vereinbarungsgespräch

Ursprünglich stammen Zielvereinbarungsgespräche aus dem Feld der Organisation der Unternehmung. Vorgesetzte sprechen unter vier Augen z. B. in Halbjahresabständen über Pläne Ziele und Erreichtes.

Auch in Vorbereitung von Rollenspielsitzungen – bezogen auf den Kurs oder bezogen auf einen Arbeitstag – können sehr gut solche Gespräche mit der Gruppe stattfinden (unabhängig davon, dass im Vorhinein natürlich auch vergleichbare Gespräche mit Einzelnen anberaumt werden können, wenn diese besondere Fragen an den Kurs haben oder besondere Teilnahmebedingungen setzten möchten.

© Springer Fachmedien Wiesbaden GmbH, ein Teil von Springer Nature 2019
M. Günther, *Pädagogisches Rollenspiel*, essentials,
https://doi.org/10.1007/978-3-658-22793-7_5

Ein Zielvereinbarungsgespräch soll vor allem darauf hinwirken, dass die Lernenden ein hohes Maß an Selbstverantwortlichkeit zu tragen haben und überwiegend Eigenentscheidungen treffen sollen. Vereinbarte Ziele werden schriftlich festgehalten. Einzelfragen in diesem Kontext können sein:

- Welche Fähigkeiten bringen die Einzelnen mit und was ist ihnen neue Kompetenzen angehend zuzutrauen?
- In welchen (Spiel-)Bereichen könnte es Schwierigkeiten geben in der Kommunikation, in der Mobilität oder im Input-Verständnis (so wenn z. B. Schwerhörige oder RollstuhlfahrerInnen anwesend sind bzw. Berufsfremde und QuereinsteigerInnen, die die Terminologie der psychosozialen Versorgung noch nicht kennen.

Alle Wünsche und Anliegen der Mitwirkenden sind zu berücksichtigen. Die Anzahl der Ziele muss überschaubar bleiben. Der Zeitpunkt der Auswertung und Überprüfung wird im Vorhinein festgelegt.

5.2   Warming up

Bekanntlich werden Übungen, inhaltliche Arbeitssitzungen und Seminare, in denen Teilnehmer längere Zeit sitzen müssen oder schreiben oder Filme ansehen gern unterbrochen bzw. vorbereitet durch sogenannte Warming ups. Diese dienen auch zur allgemeinen Auflockerung, (der Begriff kommt aus dem Sport), aber auch zum Kennenlernen innerhalb der Gruppe, und sie dienen der Enthemmung, was z. B. das Sich-Berühren oder -Anfassen anbelangt.

Eine Rollenspiel-Arbeitsphase darf wie gesagt maximal $2^{1/4}$ h dauern.

Vor der nächsten Phase, nach der kurzen Pause, kann ein 5-Minuten-Spiel angeboten werden, bei dem Teilnehmer gehen, liegen, sich bewegen, sich in 2-er-Konstellationen ereifern und vieles mehr. Umfänglich hat Klaus Vopel dazu gearbeitet. Er prägte den Begriff „Interaktionsspiele" und verfasste inzwischen etwa 60 Bücher mit gruppendynamischen Anleitungen sowie weiterführenden Themen. Von ihm können wir Warming-up-Spiele für alle Gelegenheiten und für alle Ziel- und Altersgruppen erwerben, in der Regel in Form von Praxisleitfäden. Um ein Beispiel zu nennen, ich spiele gern „Wetterkarte". Bei einer ungeraden TeilnehmerInnenzahl spielt die Spielleitung mit, sonst 2er-Konstellationen aus der Gruppe heraus; Spielleitung bittet eine/n TeilnehmerIn zu Demonstrationszwecken nach vorn zu kommen; ich benötige den Rücken dieser Person (die natürlich einverstanden sein muss). Die folgenden Sätze und Maßnahmen sind recht beliebig, es gibt keine vorgeschriebene Reihenfolge und es sollten nur 2 mal 2 min im Wechsel gespielt werden, bis alle einmal gelacht haben. Ich lege also meine Hände auf den Rücken des „Buddys" und zeichne mit den Händen etwa die Landkarte Deutschlands. Dann beginne ich mit dem Wetterbericht etwa so: „Im Norden Nieselregen" (mit den Fingerspitzen mache ich viele kleine Bewegungen unterhalb des Halses); „in der Mitte Bewölkung" (ich reibe den mittleren Rücken), „im Süden prasselnde Schauer" (heftig wird mit den Fingern getippt und mit den Händen gestreichelt, weil) „auch starke Winde können aufkommen…". Weitere Ideen sind erwünscht, Donner, Hagel, Sonnenschein, das alles kann mit den Händen auf dem Rücken des/der PartnerIn abgebildet werden und nach zwei Minuten drehen sich alle herum, damit die andere Person die „Wetterkarte" mit eigenen Händen kommentiert (private Variante einer Idee, die in anderer Form auch bei Vopel 2000 oder Landessportbund NRW, weblinks, auftaucht).

Es ist aber auch Vorsicht geboten: kommen zu häufig zusätzliche Angebote zum gemeinsamen (inhaltslosen) Spiel, werden einige Teilnehmer opponieren. Auch sollte darauf geachtet werden, dass Warming ups keine diskussionswürdigenden Inhalte transportieren, denn sie sollten in unserem Kontext nur Abwechselung, Bewegung und Spaß bereiten.

5.3 Eindoppeln

Zu den herausragend wichtigen Hilfsmitteln, die die Rollenspielleitung immer wieder präsentiert, gehört das Eindoppeln von Verhaltens- und Spielvarianten während der Übungsphase. Das geschieht auf zwei Arten:

1. Die Spielleitung hat den sicheren Eindruck, dass ein/e Spielende/r sich verrennt, in falsche Spielbahnen gelangt, zu sehr frei fantasiert, den Faden verloren hat und anderes mehr. Dann kommt das Stopp-Signal, die Spielleitung bittet kurz um Ruhe und Konzentration zur Korrektur der Performance. Alle MitspielerInnen bleiben, wo sie gerade stehen. Nur die Spielleitung ändert ihren Arbeitsplatz und stellt sich hinter die Person, die offenbar nicht gut oder entsprechend agiert. Die Spielleitung legt dem/der SpielerIn die Hände auf die Schulter, schaut an seiner statt in die Runde und spricht „eindoppelnd" Worte und Sätze, die nun als adäquat empfohlen werden. Diskutiert wird nicht! Wohlwollend überlässt nun die Spielleitung der eingedoppelten Person das Weiterspielen, indem möglichst kurz das gezeigte wiederholt wird, um dann fortfahren zu können.

2. Bemerkt die Spielleitung, dass jene SeminarteilnehmerIn, die die Spielidee, die Spielsequenz und die Inhalte vorgegeben hatte, unruhig wird, nicht einverstanden ist und korrigieren möchte, so lässt sie dies nur in der oben genannten Form zu, aber nun doppelt nicht die Spielleitung selbst ein, sondern die Person mit der Spielidee wird gebeten, sich hinter die Spielenden zu stellen und etwas so einzudoppeln, wie sie es für passend hält. In aller Regel sind Spielende dankbar für das Doppeln und dankbar auch für die kreative Pause.

5.4 Rollenübernahme

Wird im Verlauf des Spiels deutlich, dass ein/e Spielende/r der Aufgabe irgendwie nicht gewachsen ist und Versuche, dies über das Eindoppeln zu korrigieren scheitern, so hat die Spielleitung dafür zu sorgen, dass eine andere Person aus dem Kreis der Anwesenden die Rolle übernimmt. Am Einfachsten ist es, dafür jene Person einzubeziehen, die den Spielgedanken eingebracht hat. Sie wird gefragt, wen sie sich gut in der nun zu vergebenden „offenen" Rolle vorstellen kann. Von enormer Bedeutung für die Gruppe und den Lernprozess ist natürlich, dass sich die Spielleitung bei der ausscheidenden Person verbindlich bedankt und diese sich äußern kann zum Vorgang. In der Regel ist Einsicht vorhanden und auch Dankbarkeit dafür, aus der Aufgabe entlassen worden zu sein. Auch Applaus schadet nicht.

Nur in absoluten Ausnahmefällen sollte die Spielleitung selbst in die fragliche Rolle schlüpfen, denn sie hat aufgrund der Steuerungsaufgabe, was den Gesamtprozess angeht, gar nicht die Zeit und Konzentrationsfähigkeit, zusätzlich eine weitere schwierige Aufgabe zu übernehmen.

5.5 Blitzlicht

Blitzlichter sind eine vor allem im Bereich der Gruppendynamik genutzte rasche Methode des Feedbacks, die schnell die Stimmung, Meinung oder den Stand bezüglich der Inhalte und Beziehungen in einer Gruppe ermitteln kann. (vgl. Stangl *Online Lexikon für Psychologie und Pädagogik,* weblinks). Die TeilnehmerInnen äußern sich kurz in einem Satz oder wenigen Sätzen zu einem klar eingegrenzten Thema bzw. zu einer Frage. Das sich aus einer Blitzlichtrunde ergebende Bild kann vor allem der Spielleitung helfen, die weiteren Prozesse der Gruppe positiv zu gestalten und notfalls lösungsorientiert zu verändern; sie ist eine geeignete Technik, um Störungen und ihren Ursachen nachzugehen, wobei

die mit einem Blitzlicht angestrebte Transparenz, an der dann alle Gruppenteil-
nehmerInnen mitgearbeitet haben, zu einer positiven Neugestaltung der Arbeitssituation beitragen kann. Mithilfe dieser Technik kann die Teamentwicklung
gefördert werden, denn durch ein Blitzlicht können Offenheit, Ehrlichkeit und
Vertrauen in den zwischenmenschlichen Beziehungen gestärkt werden. Blitzlichter sind schließlich eine Form der Kommunikation: sie setzen eine offene und
demokratische Haltung bei allen voraus, fördern diese aber auch zugleich. Auch
erhalten die TeilnehmerInnen durch ein Blitzlicht eine Schulung ihrer Selbstwahr-
nehmung, bzw. lernen, ihr eigenes Verhalten besser zu steuern.

Wir unterscheiden das *Anfangsblitzlicht* – mit ihm können z. B. die
Erwartungen der TeilnehmerInnen an eine neue Sitzung geklärt werden, aber
auch die Befindlichkeit der Gruppe kann Inhalt eines Blitzlichts sein. Wichtig ist,
dass die LeiterInnen in der Folge auf die Ergebnisse des Blitzlichts eingehen und
reagieren.

Das *Zwischenblitzlicht* eignet sich, um während eines Lernvorgangs ver-
muteten Störungen nachzugehen oder wenn Passivität und Aggressionen spürbar
sind. Mit dem Zwischenblitzlicht können die Gruppenarbeit ungünstig beein-
flussende Faktoren aufgedeckt werden, sodass anschließend wieder eine bessere
Arbeitssituation entsteht.

Das Blitzlicht oder „die *Blitzlicht-Runde* ist eine Methode, die insbesondere
in der Erwachsenenbildung zur Verbesserung der Kommunikation in Lerngruppen
entwickelt wurde und es kann entweder verwendet werden, um schnell eine Meinung zu einem Thema von jedem Unterrichtsteilnehmer zu bekommen, oder um
eine kurze Zwischenevaluation durchzuführen" (de.wikipedia, *Blitzlicht-Runde*).
Jede/r TeilnehmerIn äußert sich reihum in kurzer Form zur Frage, wie es ihm/ihr
mit dem bisherigen Verlauf geht. Dabei sollten Ich-Botschaften verwendet werden. Die anderen TeilnehmerInnen sind während der Äußerungen nur Zuhörer; es
dürfen nur Verständnisfragen gestellt werden.

5.6 Video-(Medien-)-einsatz

Mindestens seit 50 Jahren gehört es zum entwickelten Standard in der Hochschul-
ausbildung in der psychosozialen Versorgung, nach Einwilligung aller TeilnehmerInnen mittels Video-Kamera das Geschehen im Verlauf eines Pädagogischen
Rollenspiels (oder anderer psychologischer Techniken und Fertigkeiten) aufzu-
zeichnen, damit über konkretes Bildmaterial im Nachhinein ausgewertet werden
kann, was „hinten dabei rauskommt". Es ist erstaunlich, wie oft es Differenzen
gibt z. B. zwischen der Wahrnehmung von Beobachtern, die Protokolle fertigen

und der „objektiven" Rückmeldung über Videoaufzeichnungen, für die natürlich ein Bildschirm im Raum sein muss. Die Kamera auf Stativ wird von der Spielleitung in Betrieb genommen, hat einen festgelegten Bildausschnitt und kann in Pausen abgestellt werden. Die Persönlichkeitsrechte einzelner sind zu wahren. Kommt es ausnahmsweise vor, dass eine spielende Person betroffen, involviert und engagiert *weinen* muss, wäre es hilfreich, dieses Stück Filmdokument nach der Auswertung verbindlich öffentlich zu löschen; so entsteht noch mehr Vertrauen im Hinblick auf die einzige Aufgabe, die sich die Gruppe intern und intim vorgenommen hat: spielerisch unter Anleitung zu lernen.

Add-ons: Ergänzende (systemische) Methoden

6.1 Der Sokratische Dialog

Ursprünglich setzte diese alte philosophische Methode Sokrates' dialogisch an und leitete an zu eigenverantwortlichem Denken, zur Reflexion und Besinnung. Das moderne Verfahren des *Sokratischen Gesprächs* ist auf diesem Hintergrund zu sehen.

Für eine (Klein-)Gruppe, die sich im Rollenspiel übt, sind folgende Aspekte des Sokratischen Gesprächs von Bedeutung: Die Rollenspielleitung zeigt deutlich, dass sie stets auf das Urteilsvermögen der Teilnehmenden setzt und ihre eigene, persönliche Meinung nicht in die Erörterung einfließen lässt. Sie moderiert in der der Art, dass die Teilnehmenden einander verstehen, beim Thema bleiben und selbstverständlich die abgestimmten Regeln einhalten (vgl. de.wikipedia, Sokratischer Dialog). Hat ein/e TeilnehmerIn Zweifel und vertiefende sowie Verständnisfragen, wird er/sie ermutigt, das alles vorzutragen. Nicht erlaubt ist aber das Einnehmen der Position des Konfrontierenden, des Provokateurs oder des *Teufels Advokat.*

Lösungen einer Frage oder Entscheidungen werden nur im Konsens getroffen. Schließlich hat die Rollenspielleitung die Äußerungen einer jeden einzelnen TeilnehmerIn in gleicher Weise ernst zu nehmen!

6.2 Reframing

Zu jenen psychologischen Methoden und Techniken, die in Gruppenprozessen hilfreich sein können, zählen einige aus der Systemischen Familientherapie entlehnte Vorgehensweisen wie die *Umdeutung* (englisch: reframing). Väter sind wohl Watzlawick im Kontext Kommunikation sowie Erickson im Kontext Hypnotherapie. Um schwierig erscheinende Szenen und Situationen leichter umgehen

© Springer Fachmedien Wiesbaden GmbH, ein Teil von Springer Nature 2019   27
M. Günther, *Pädagogisches Rollenspiel*, essentials,
https://doi.org/10.1007/978-3-658-22793-7_6

zu können, versucht die Gesprächsleitung diese einmal in einem anderen Blickwinkel erscheinen zu lassen.

Viele Sprichwörter zeigen Umdeutungsangebote, um Mut, Optimismus oder Perspektive zu liefern. Die LottogewinnerIn, die „wieder nur 23,50 €" gewonnen hat und genervt erscheint wird im Gespräch das Positive vor Augen gehalten; nicht die Gewinnmöglichkeit (Jackpot, 1 Mio. €) soll Orientierung sein (nicht die Taube auf dem Dach), sondern das erreichte (der Spatz in der Hand). Wird ein Vorgang in einem anderen Rahmen oder Kontext gezeigt, führt das zur Differenzierung und zu mehr Sensibilität. Beklagt sich eine MitspielerIn z. B. darüber, dass die Freundin stets Anmerkungen zur Gefährlichkeit des Motorradfahrens macht, kann dies selbstverständlich umgedeutet werden als *sich kümmern, Anteil nehmen, die geliebte Person nicht verlieren wollen* u. ä.

Es ist normal, dass wir viele Alltagsereignisse in einem (Bilder-)Rahmen festzuhalten versuchen; damit ist das Ereignis vorläufig auch definiert. Aber wurde das Ereignis auch korrekt erfasst? Gibt es womöglich weitere Sichtweisen? Nur wenn wir im Refraiming geistige Festlegungen wie Blockaden verlassen, können auch neue Deutungsmöglichkeiten entstehen. Beim Refraiming wird also unter Verwendung eines anderen Kontextes Erlebtes oder Geschehenes mit einer neuen Sinngebung verbunden. Diese Umdeutung erlaubt es, das Symptom in seiner positiven Bedeutung für das System zu beschreiben, sodass es einer neuen Sichtweise zugeordnet werden kann. So wird unser/e SymptomträgerIn (im Refraiming) als die Person beschrieben, welche anzeigt, dass die Gruppe sich in einem Veränderungsprozess befindet. Sie wird somit als Warnsignal verstanden und nicht mehr als Störende. Zugrunde liegt diesem Instrument, dass jedes Verhalten nur im Gesamtkontext Sinn macht und ein anscheinender Nachteil sich als Vorteil erweisen kann.

6.3 Zirkularität

Eine der Grundlagen für selbstorganisierte Systeme ist die Zirkularität. Der Begriff stammt ursprünglich aus der Kybernetik/Systemtheorie und wurde später von der *Systemischen Familientherapie* aufgegriffen.

Es geht vor allem um die Rückkoppelung der Wirkungen des eigenen Verhaltens, um das zukünftige Verhalten verändern zu können. Denn soziale Prozesse, um die es im Pädagogischen Rollenspiel fast immer geht, sind nicht schlicht linear oder eindeutig kausal zu erklären; sie bedürfen zirkulärer Betrachtung.

Analysiere ich die Einschätzung einer SpielteilnehmerIn bezüglich ihrer Wahrhaftigkeit, lohnt es sich, diese zu fragen, was zur gleichen Problematik z. B. ihr

Vater sagen würde. So wird eine Unterschiedsbildung angeregt. Der Protagonist ist ggf. irritiert, stellt er sich (im Rollenspiel!) ernsthaft die Antwort des Vaters, der Mutter, des Kollegin usw. vor. So entstehen bei ihm neue Informationen und Sichtweisen. Und weiter: „Was denken Sie, wie sich ihr Kind fühlt, wenn sie den Vorgang so einschätzen?"

In der Praxis wird Zirkularität in therapeutischen oder Spielprozessen provoziert durch sogenannte zirkuläre Fragen, das sind:

- die triadische Frage („was vermuten Sie, was ihre Kollegin darüber denkt?"),
- Wunderfrage („geschähe ein Wunder – durch eine Fee – und das beschriebene Problem wäre für immer verschwunden, was änderte sich dann bitte?"),
- die Prozentfrage („mit wie viel Prozent möchten Sie sich für dieses Problem in der kommenden Zeit engagieren, zu wie viel % für ihre Familie?")
- die Ausnahmefrage („Wann tritt das beschriebene Verhalten nicht auf?")

So können immer wieder neue Perspektiven eingeführt werden. Bitte ich die Probanden zu skalieren, müssen diese z. B. auf einer Skala von 1 bis 10 die Ausprägung des Problems bewerten. Über Klassifikationsfragen („wen schätzt ihr Chef wohl am meisten, zweitmeisten" usw.) kommen wir Beziehungsproblemen näher.

Die Liste der möglichen, auch neu hinzugetretenen zirkulären Fragen auf dem Hintergrund der systemischen *Mailänder Schule* ist lang. Es gibt des weiteren Als-Ob-Fragen, Fragen nach Zukunftsplänen, Fragen nach dem Vorteil, das Problem zu konservieren, Verschlimmerungsfragen, Fragen nach Ressourcen, Verbesserungsfragen und Fragen nach Möglichkeitskonstruktionen.

Es würde in diesem *essential* aber zu weit führen, das alles definierend zu erläutern. Um Informationen zu sammeln (implizite wie explizite) werden Fragen auch in Form von *Unterschieden* und den daraus folgenden Beziehungen gestellt. Sie sollen aufzeigen, wie unterschiedliche Lebens- und Erlebenssituationen im System (z. B. die Familie) erfahren werden. Sie sollen die Unterschiede erfahrbar machen, um so gewohnte Sichtweisen und Verstehensweisen (wie denke ich, handeln andere und warum?) zu verstören. Zusätzlich zu direkten Fragen werden z. B. Familienmitglieder der Reihe nach gebeten, Gedanken, Verhalten und Beziehungen der anderen Familienmitglieder zu kommentieren. Diese müssen von den anderen Mitgliedern nicht als stimmig angenommen werden, sie bieten jedoch neue Informationen, wie andere aus ihrer Sicht die nachgefragten Verhaltensweisen, die Beziehungen oder Konstellationen sehen. Die Spielleitung fragt z. B. den Vater: „Inwieweit hat sich die Beziehung zwischen Ihrer Tochter und ihrer Frau verändert, seit Ihre Schwiegereltern bei Ihnen leben?"

6.4   Aufstellungsarbeit

Eine in psychotherapeutischen Prozessen verbreitete Methode ist die Aufstellung, vor allem die Familienaufstellung. Eigentlich wäre das eine Alternative zum Pädagogischen Rollenspiel, ein eigenständiges Verfahren, um eine komplexe Dynamik über Reduktion und Stellvertreterspiel zu erleben, um schließlich mehr Verständnis zu erhalten, als auch um sich zu verändern. Häufig wird dieser Ansatz ähnlich wie unser Rollenspiel genutzt, wenn mittelgroße Gruppen arbeiten und eine Aufstellungsleitung die psychisch anspruchsvollen Geschehen zu steuern versucht. Oft wird ein *Genogramm* zu Hilfe genommen, wenn eine bestimmte Familie „ins Spiel kommt". Unter gewissen Umständen kann auch die Rollenspielleitung eine Familienaufstellung – so kurz als möglich – in die Arbeitsphase einbeziehen, das tut sie dann wie in einem *Exkurs*. Die Aufstellung kann der Zielperson sowie allen Anwesenden deutlicher machen, was aus der Sicht des anwesenden Mitglieds in der Familie geschieht. Für die Familienmitglieder der Person aus dem Seminar werden Stellvertretungen ausgesucht. Diese werden einzeln in ihre Rollen eingewiesen und bei erfolgreicher Umsetzung dieses Unterfangens lassen sich gegenüber der Klientel dann beispielsweise auch hoch sensible Themen ansprechen und konstruktiv bearbeiten. In vertrauensvoller Atmosphäre bekommen die Teilnehmenden im Kontext der praktischen Anteile über Interviews Feedback-Gelegenheiten, wie sie ihre Gefühle in der übernommen Rolle erlebt haben oder eigene Praxisfälle bzw. sogar private Probleme anzusprechen und sich in der Beratung zu üben. Die Teilnehmenden werden daher um die aktive Teilnahme an Rollenspielen und anderen Übungen gebeten. Die TeilnehmerInnen spielen so lange in Aufstellung, bis sie von der Spielleitung oder ProtagonistIn, der/die nun die Spielleitung unterstützt, unterbrochen werden. Unterbrechungen müssen stattfinden, wenn sich die Stellvertretung eigenständig in völlig falsche Richtungen bewegt oder aus Zeitgründen. Während für die Familienskulptur Virginia Satir verantwortlich zeichnet, ist im deutschsprachigen Raum für sein sogenanntes Familienstellen der umstrittene ehemalige Priester und Psychoanalytiker Hellinger prominent.

Im Rollenspiel muss vermieden werden, dass tief liegende Verwerfungen und schwere psychische Dynamiken in die Gruppenarbeit geraten, denn Psychotherapie war „nicht angesagt", das wäre ein gänzlich anderes Setting und erfordert zusatzausgebildete Diplom-PsychologInnen oder FachärztInnen. Auch auf spezifische Modelle von *Kommunikationshaltungen,* wie sie vor allem Satir entwickelt hat, kann an dieser Stelle nicht eingegangen werden (vgl. Satir 2007).

6.5   Spiegeln

In der Psychologie bezeichnet man Spiegeln als den Versuch der TherapeutInnen, auf Verhaltensweisen der jeweiligen Zielperson so zu reagieren, dass sie ihre Perspektive einnehmen und das Verstandene an sie „zurückspiegelt". Das würde für unser Setting heißen, die Spielleitung gibt in eigenen Worten das zurück, was sie von ihrem Gegenüber an Inhalten und Gefühlen verstanden hat. Die Methode erfordert ein hohes Maß an empathischen Fähigkeiten und einen professionell sensiblen Umgang. Die Methode wurde diskreditiert durch Praktiker, die schlicht eine mechanische Wiedergabe des Gesagten zeigen und quasi nachäffen; auch ein zu häufiges Spiegeln verunsichert die Zielperson, denn sie erlebt, sich offenbar nicht klar genug auszudrücken. Ein Synonym ist „Paraphrasieren", sprich: das Gehörte wieder sinngemäß, mal übertrieben, mal untertrieben mit eigenen Worten wiedergegeben. In der Mediation trägt „Spiegeln" dazu bei, Blockaden zu lösen, weil es den Parteien hilft, die jeweils eigene Position aus der Distanz auch der anderen Partei wahrzunehmen.

6.6   Paradoxe Intervention

Man kann in der Pädagogik wie in der Psychotherapie seine Ziele auch dann erreichen, wenn man nicht den direkten, gradlinigen, logischen Weg einschlägt, sondern wenn man – so „paradox" es auch klingt, zunächst das Gegenteil in Gang bringt.

Ein Beispiel mag die *Rückfallverschreibung* sein, eine andere die *Symptomverschreibung,* eine dritte die bereits erwähnte, aber spezifischer eingesetzte Reframing-Methode. Klagt eine körperlich kranke und z. Z. cleane Raucherin darüber, dass sie es schon mehrmals für Wochen geschafft hat nicht zu rauchen, kann ein/e TherapeutIn ihr „verschreiben", dass sie pünktlich fünf Tage nach Ende der akuten Krankheit das Rauchen wieder aufzunehmen hat, um am gleichen Nachmittag wieder vorstellig zu werden; zur Belohnung gäbe es dann noch eine Zigarre …

Schließlich kann man auch ein Symptom positiv umdeuten, das nennt die Fachwelt dann „positive Konnotation". Allen ist gemeinsam, dass die Problematik „gepflegt" wird. Streiten sich die Mitglieder einer Kleingruppe über die ungleich verteilten Aspekte der schriftlichen Hausarbeit und wird darüber hinaus einer Person noch vorgeworfen, sie sei faul und hänge sich nur an, kann z. B. ein Rollenspielauftrag sein, dieser Person alle Arbeit abzunehmen, ihr beizubringen, wie man die Zeit mit Nichtstun verbringt und ihr über einen besonderen Contract verbieten, in der kommenden Woche irgendetwas Fachliches in der Kleingruppe beizutragen.

Denn sollte der Kampf gegen das Symptom bisher zu seiner Aufrechterhaltung beigetragen haben, ist die Zielperson nun erlöst; sie kann neu und befreit der Verschiebung voll nachkommen oder wenigstens in abgeschwächter Form. Allerdings gelingen paradoxe Interventionen eher im Therapie-Setting als im Pädagogischen Rollenspiel. Letzteres kann zu einer Verniedlichung des ernsten Ansatzes beitragen.

6.7 Ungeeignete oder problematische Techniken

Nicht selten werden Seminare zur gewaltfreien Kommunikation mit pädagogischen Rollenspielen betrieben. Dabei kommt es vor, dass unerfahrene TeilnehmerInnen verwechseln, dass der Ansatz der GFK-Ausbildung nach Rosenberg mit Rollenspielen arbeitet und arbeiten muss, aber dass in Umkehrung GFK nicht gleich Pädagogisches Rollenspiel ist. Entscheidend für seinen Ansatz ist die Entdeckung des Potenzials unseres Einfühlungsvermögens durch die Klärung von Beobachtung, Gefühl und Bedürfnis.

Rosenberg empfiehlt bestimmte, von ihm genormte Sätze und Gegensätze in der Rollenspielkommunikation. Diese wirken auf „normale" Menschen stilisiert. Ob sie wirksam sind was Gewaltprävention angeht (an Schulen, in Kindertagesstätten usw.) muss an anderer Stelle diskutiert, geprüft und möglichst evaluiert werden (vgl. Rosenberg 2007).

7.1 Vorschule sowie 1. und 2. Klasse

Pädagogische Rollenspiele sind frühestens möglich im Vorschulalter mit etwa 5 Jahren. In der 1. und 2. Schulklasse gibt es weniger Schwierigkeiten bei der systematischen Umsetzung, aber noch immer gilt die Regel: kürzer, klarer, unaufwendiger gestalten und trotzdem verhältnismäßig mehr Zeit einplanen. Da Unterrichtsphasen selbst in einer 90-Minuten-Einheit ohne Hofpause nur etwa 25 min dauern dürfen, sollte auch ein Rollenspiel einschließlich Vor- und Nachbereitung bei diesen Kindern auf keinen Fall länger als 45 min dauern. Etwa seit 2013 wird in deutschen Schulen zunehmend der Inklusionsauftrag umgesetzt. Sollten also in der Gruppe oder Klasse Behinderte sein, haben wir zusätzlichen Zeitbedarf.

Ein Beispiel ist „Trenner und Tröster, TuT". In diesem angeleiteten kleinen Rollenspiel üben Kinder unter Anleitung der Lehrpersonen ein, wie sie sich als nicht am „Kampf" oder Konflikt Beteiligte der Auseinandersetzung zuwenden können und helfen, die Streitparteien zunächst zu trennen und dann Opfer ggf. zu trösten. Es handelt sich um Konfliktmediation und Gewaltprävention für die jüngsten Schulkinder (Wennekers 2007, S. 11 f., weblinks).

Ein anderes Beispiel mit expliziten Anteilen des Pädagogischen Rollenspiels ist das *Igelspiel*. Alle machen mit! Es wird eine Kreisformation wie beim Klassenrat gebildet. Nun gibt es in jeder Grundschulklasse lebhafte und schüchterne Kinder, introvertierte wie extravertierte. Das Igelspiel kann helfen, einzelne Kinder zu öffnen, während es anderen Kindern zeigt, wie Menschen aus einer Verkapselung abgeholt werden können. Dazu wird die Klasse/Teilungsklasse mit 12 bis 20 Kindern von Tischen und Stühlen abgeholt, um im Kreis zu sitzen. Ein spielfreudiges Kind wird instruiert, sich in der Mitte auf dem Boden einzurollen

© Springer Fachmedien Wiesbaden GmbH, ein Teil von Springer Nature 2019
M. Günther, *Pädagogisches Rollenspiel*, essentials,
https://doi.org/10.1007/978-3-658-22793-7_7

wie ein Igel es tut. Symbolisch kann das Kind mit einigen Wäscheklammern an der Kleidung markiert werden. Nun haben einzelne andere Kinder die schwierige Aufgabe, den Igel aus seiner Schutzhaltung zu holen. Das kann z. B. durch gutes Zureden sowie durch Streicheln erfolgen. Ein Kind versucht das vielleicht eine halbe Minute, je nach Motivation, dann wird gewechselt. Der Igel selbst hat es in der Hand, einzugehen auf die wohlwollenden Versuche ihn zu öffnen, oder noch zu verharren. In der Regel wird der Igel nach wenigen Minuten bereit sein, sein Gesicht zu zeigen und sich freuen, so liebevoll behandelt worden zu sein. Öffnet sich unser Igel, wird ausgewertet: was hat er erlebt in diesen Minuten? Auch jene Kinder, die sich abgemüht haben werden befragt nach ihrem Erleben; danach kann ein anderes Kind der Igel sein, freiwillig oder ein von der LehrerIn ausgewähltes, schüchternes Kind; nach 25 min sollte ein Phasenwechsel eintreten, aber an einem der folgenden Tage könnten weitere Kinder Igel sein bzw. sich um die Beseitigung des Sich-Einigelns kümmern.

Das Igelspiel wird seit vielen Jahren z. B. in Neuköllner Grundschulen gespielt und zeigt immer vielversprechende Effekte.

7.2 Soziales Lernen in der Schule

Sobald das Schulfach Soziales Lernen (in der Regel ab Klasse 3, bis Klasse 8) aufgerufen wird, sind LehrerInnen mit Qualifikation im Pädagogischen Rollenspiel sehr gefragt. Zahlreiches Unterrichtsmaterial und z. B. viele Einheiten zum Thema Bullying/Mobbing, Klassenklima und Toleranz erfordern explizit diese Herangehensweise. Nehmen wir das Beispiel „Ausgrenzung" aus Heilbronner Schulen. Beim Rahmen sollte wieder diszipliniert auf strenge Zeiteinhaltung geachtet werden, das dient unbedingt dem Erfolg (Quelle: privat, kein ©).

Erste Stunde: Einführung 10 min, Spiel 25 min, Auswertung 10 min;
Die Vorgehensweise könnte wie folgt sein: „Wer hat Lust, sich auf ein Experiment einzulassen?" Nachdem Freiwillige bzw. „alle" sich gemeldet haben,
Rollenspiel I: etwa 8 SchülerInnen bilden Gesprächsrunde (auslosen mit Uno-Karten, Spielleitung bereitet die Karten vor).

Ausgewählte Themenvorgabe: Gespräch über die Ferien, jeder erzählt was er/sie erlebt hat. Einen ins Rollenspiel Hinzukommenden (Protagonist) auf keinen Fall mitreden lassen, ihn ignorieren, ihn konsequent abweisen…

Vorgabe: Unbedingt versuchen mit den Anderen in Kontakt zu kommen! Einfach selbst von Ferien berichten…

Regeln: keine Schimpfworte, keine Gewalt… Feedback-Fragestellungen:

- Frage an das „Opfer": Wie hast du dich gefühlt? Wodurch wurde die Ausgrenzung sichtbar gemacht?
- Frage an die „Ausgrenzer": Wie habt ihr euch gefühlt? Wodurch habt ihr die
- Ausgrenzung erreicht? (Sprache, Körperhaltung…)

Rollenspiel II: 8 andere Schüler bilden Gesprächsrunde (auslosen mit Uno-Karten, Spielleitung bereitet die Karten vor). Vorgabe: Gespräch über die Ferien, jeder erzählt was er/sie erlebt hat. Den Hinzukommenden *integrieren…*

- Positiver Ausgang, Ausgrenzung überwinden. Ein Freiwilliger.

Vorgabe: Versuchen mit den anderen in Kontakt kommen! Von Ferien berichten… Diese erste Stunde kann über 1–2 Wochen hinweg wiederholt werden, bis alle dank der Durchgänge persönlich erlebt haben, was es heißt, ausgegrenzt zu werden, wie leicht es ist (und wie verlockend, auch als inaktiver) jemanden voll auszugrenzen, und wie gut es sich anfühlt, von einer Gruppe aufgenommen zu werden. Dieses Kernthema kann auch variiert werden.

Feedback-Fragestellungen:

- Frage an das „Opfer": Wie hast du dich gefühlt? Wodurch wurde Ausgrenzung überwunden?
- Frage an die „Ausgrenzer": Wie habt ihr euch gefühlt? Wie habt ihr die Ausgrenzung überwunden? (Sprache, Körperhaltung, freundlich, auf dich zu gehen…)
- Gespräch im Plenum: Wie wirken sich Ausgrenzungen auf das Klassenklima aus?
- Wie wirken sich die Überwindung von Ausgrenzung auf das Klassenklima aus?

Später eine neue, *zweite Stunde:* Zielvereinbarung 30 min, Abschluss 10 min.

- Gruppenarbeit: 4 Gruppen. Auftrag: Vorschläge sammeln, wie es zu einer Verbesserung der Situation kommen kann. Wie kann es allen gut gehen in der Schule?
- auf Arbeitsbogen notieren;
- Gruppen stellen die erarbeiteten Vorschläge vor. Dies wird auf einem Plakat
- gesammelt
- Alle unterschreiben diese *Zielvereinbarung.*

Ein anderes Beispiel ist das differenzierte Programm zur Streitschlichter-, Konfliktlotsen- oder Mediatorenausbildung für SchülerInnen der Klassen 3 bis in dem gezielt Rollenspiele – „technisch" vergleichbar mit unserer empfohlenen Vorgehensweise – eingesetzt werden, um die *Schlichtung* einzuüben. Und damit die Kinder den formalen Ablauf auch beherrschen, lässt die Autorin zunächst verschiedene SchülerInnen den Ablaufplan vorlesen (Jeffereys-Duden 1999, S. 80 f.).

Für ältere SchülerInnen (6. Klasse und älter) können zahlreiche Spiele aus dem Reservoir „Lions Quest" herangezogen werden. Die Lions Quest-Lehrerordner zeigen umfänglich Vorgehensweisen im Sozialen Lernen und eignen sich sehr für Unterricht im Kontext Gewaltprävention und Kommunikation.

7.3   Rollenspiele für die Mediation am Beispiel Konfliktvermittler-Training.de Greifswald

Die Greifswalder Mediatorin Ursula Heldt empfiehlt konkret folgende Vorgehensweise zur Erprobung von Konfliktvermittlung von Anfang bis Ende mithilfe von Rollenspielen.

Wir haben dafür oftmals mehrere kleine Gruppen zu fünf Personen gebildet, die sich auf verschiedene Räume aufteilten, damit nicht ein Rollenspiel vor allen auszubildenden Konfliktvermittlern durchgeführt werden musste. Hierfür lohnt es sich eine Videokamera für die Auswertungsgespräche einzusetzen. Für Trainer ist es enorm wichtig, hier nicht massiv Fehler zu korrigieren, sondern nur wenn es von den Teilnehmenden gewünscht wird, ein positives Feedback zu geben. Sollten Trainer um Rat gefragt werden, sollten sie sich ganz deutlich und mit wenigen Worten äußern. Rollenspiele mit Konfliktvermittlung können bei den einzelnen Teilnehmern enorm das Selbstvertrauen und ihre Kritikfähigkeit stärken. Manchmal die Schüler eigene Kollektive für das Rollenspiel an. Da sie teilweise selber darin involviert sind oder waren, sind diese Rollenspiele mit vielen Gefühlen verhaftet und sollten äußerst behutsam ausgewertet werden. Gerade die Schüchternen dürfen auf keinen Fall entmutigt, sondern sollten mit viel Lob aufgebaut werden. Bevor die einzelnen Gruppen sich zu ihrem eigenen Rollenspiel zurückgezogen hatten, haben wir als Trainer ein Rollenspiel mit Konfliktvermittlung vorgespielt. Für die Rollenspiele sollten sich die Teilnehmer je nach ihren Neigungen entscheiden. Die Streitenden bekommen jeder für sich eine ausgeschriebene Rollenbeschreibung, die sie nur für sich allein in getrennten

Ecken einstudieren und sich auf die Argumente vorbereiten. Wichtig ist es, dass die Streitenden sich beim Einüben noch nicht über ihre Rollen austauschen können. Jeder sollte sich auf die Gefühlslage, den Hintergrund einer Streitpartei, sowie deren Persönlichkeit und Lebensumstände hinein fühlen. Die Konfliktvermittler bekommen keine Rollenbeschreibung. Sie nutzen die „Information, die sie erlernt haben" und nehmen z. B. ihre Regeln der „gewaltfreien Kommunikation" dazu, sowie das Vertragsformular. Sie bauen in ihrem Zimmer, wo die Konfliktvermittlung stattfinden soll, einen Tisch in die Mitte des Raumes, stellen die entsprechenden Stühle einander gegenüber. Für den Beobachter stellen sie den Stuhl mehr im Hintergrund auf, da er sich aus dem Rollenspiel heraushält und die Spielenden nicht befangen machen sollte. Ist der Tisch mit einer Blume und der entsprechenden Sitzordnung hergerichtet, fängt das Rollenspiel damit an, dass die Konfliktvermittler die Streitparteien und den Beobachter an der Tür begrüßen und ihnen die Plätze zuweisen. Da immer zwei Konfliktvermittler an einer Mediation in den Schulen beteiligt sind, (damit sie es hinterher gemeinsam auswerten können) geben wir den Tipp, dass die Konfliktvermittler „über Kreuz" mediieren und dies immer abwechselnd. Ein Konfliktvermittler fragt nicht die ihm direkt gegenübersitzende Person nach dem Sachverhalt und den Gefühlen, sondern die schräg gegenüber sitzende Person. Auf diese Weise werden Blöcke vermieden. Der Beobachter macht sich Notizen zur Konfliktvermittlung und achtet auf die Zeiteinhaltung. Wir geben für die ersten Rollenspiele eine Zeit von 10 min. Die Auswertungsgespräche – auch Feedback genannt – werden vom Beobachter in dieser Kleingruppe angeleitet. Beobachter achten darauf, dass die Spielenden nur über ihre Rolle und nicht über sich selbst sprechen. Wir gehen als Trainer ebenfalls zu den einzelnen Auswertungsgesprächen und fragen jede spielende Person, wie sie sich in ihrer jeweiligen Rolle gefühlt hat, ob sie mit dem Verlauf des Gesprächs zufrieden war oder ob sie noch etwas gebraucht hätte. In diesem Feedback ist es wichtig, dass alle Spielbeteiligten das Gefühl bekommen, dass sie im Rollenspiel nicht richtig oder falsch handeln können, dass sie sich nicht um Bestätigung bemühen müssen oder eine Abwertung bekommen. Es werden auf keinen Fall Worte benutzt, wie niemals, keine oder nicht. Das Feedback sollte folgendermaßen formuliert werden: „Ich finde, du bist schlank" und nicht „Ich halte dich nicht für dick". „Ich finde, das hast du geschickt gelöst" und nicht „Du hättest nicht so raffiniert vorgehen dürfen". „Du darfst niemals solche Worte benutzen" sondern „ich würde an Deiner Stelle es … formulieren". Als erstes sprechen die

Streitparteien, wie es ihnen mit ihrer Rolle ergangen ist. Dann die Konfliktvermittler und zum Schluss die Beobachter. Haben sich die Aufregung und die erste
Anspannung nach dem Spiel gelegt, wird weiter gefragt,

- Welche Verhaltensweisen der Konfliktvermittler waren für Euch hilfreich?
- Welche Verhaltensweisen der Konfliktvermittler waren nicht so hilfreich?
- Was hättet Ihr von den Konfliktvermittlern noch gebraucht?

Eine weitere Auswertung wird dann noch einmal mit allen im großen Plenum
gemacht, um so zusammenzutragen, welche Verhaltensweisen der Konfliktvermittler für die Streitenden hilfreich waren.
(Heldt *Konfliktvermittler-Training de* Greifswald, weblinks).

7.4 Psychotherapieausbildung, Supervision und Rollenspiel

In der Therapie-Ausbildung/Weiterbildung wird eine Reihe von speziellen Techniken vermittelt, die unbedingt über Pädagogische Rollenspiele einzuüben sind.
Das gleiche gilt uneingeschränkt im Bereich der Supervisionsausbildung sowie in
der Gruppensupervisions-Praxis.

„Benutzen Sie Ich-Botschaften", oder „stellen Sie bitte W-Fragen" – solche Maximen können wir nicht 1:1 umsetzen, ohne es auch einstudiert zu haben
bei gleichzeitiger Vernachlässigung alter, unproduktiver Gesprächsstrategien.
Das Pädagogische Rollenspiel ermöglicht in solchen Fällen durch wiederholte
Übungen und Feedbacks, alteingesessenes unprofessionelles Verhalten abzu-
stellen (häufig antworten Profis auf die Frage, warum sie nicht explorativ nütz-
liche W-Fragen stellen, dass sie „bei Rogers" gelernt hätten, zu spiegeln, über
Suggestivfragen; dieses Problem erfordert aber eine besondere Diskussion).
Befindet sich eine recht homogene Gruppe von Weiterzubildenden bzw. in der
Gruppensupervision mit 4 bis 8 Personen im Kurs, sollten sicher auch schwierige und provokante Spielübungen angesetzt werden. Dazu gehören Mutproben
in vivo (sich an der Käsetheke vordrängeln), Provokationen im Linienbus (immer
wieder kurz davor sein, sich eine Zigarette anzünden zu wollen) oder Mitbürger
nach Straßen fragen, die sich aber in einer *anderen* Stadt befinden. Solche Spiele
können das Verhaltensrepertoire zukünftiger Therapeuten erweitern und stabili-
sieren. TeilnehmerInnen werden besser auf überraschende, schwierige Situationen
im Leben vorbereitet, sie werden „cooler". Wichtig bei Pädagogischen Rollenspielen dieser Art ist, den verdutzten Mitbürgern gegenüber aber das Spielerische

nicht (wie bei der TV-Sendung *Vorsicht Kamera*) am Ende erklärend aufzulösen. Die Lerngruppe zieht sich zurück zur Auswertung, während die „Peinlichkeit" weiter im Raum steht, nur so kommt ein Lern- und Erfahrungseffekt zustande.

7.5 Gewaltprävention als Aufgabe der Polizei

Die 16 deutschen Bundesländer verwalten 16 Polizeien, die verschiedene Methoden im sozialpädagogischen Feld unterschiedlich intensiv aufgreifen. Standard ist überall die Verkehrserziehung für Schulkinder; dabei geht es meist um die 4. Klasse mit dem Ziel eines Fahrradführerscheins. Das sind Trainings. Speziell geschulte, zuständige PolizistInnen werden pädagogisch tätig und bewältigen diese Aufgabe sehr gut. Pädagogische Rollenspiele im engeren Sinn werden in einigen Bundesländern auch dann von der Polizei gezeigt, wenn es um Gewaltprävention und auch Mobbing in Schulen geht. Beauftragte kommen auf Wunsch in die Klassen 5, 6 oder 7 und bieten z. B. eine Doppelstunde Präventionsunterricht an. Das Angebot wird von Uniformierten geliefert. Diese genießen großen Respekt und werden in ihren Vorgaben akzeptiert. Umso wichtiger ist es, dass auch dieser Personenkreis, diese KollegInnen technisch sauber Rollenspiele initiieren, denn Vorgehensfehler vermasseln unmittelbar den Lerneffekt bzw. die angestrebten Lernziele. Nicht selten werden ins Rollenspiel fälschlich „Täter" einbezogen, also ein älteres Kind, das selbst mobbt, soll die Rolle des Mobbenden einnehmen. Übrigens sollte nur umgangssprachlich hier bei Kindern in Schulen von „Mobbing" gesprochen werden. Der angemessene Begriff wäre „Bullying", denn um einen „Mob" handelt es sich mitnichten in Schulen.

Vor während und nach meiner 4-jährigen Tätigkeit als Expertisenschreiber und Politikberater (Themen: „Gewaltprävention und Amoklagen an Schulen" bzw. „Stärkung der Erziehungskompetenz von Eltern") für die MPK (Länderministerpräsidenten) habe ich zahlreiche praktische Ansätze von quasi Pädagogischer Rollenspiel-Intervention durch Polizeibeamte erleben können. Da diese speziellen Gewaltpräventionsteams keine entsprechende sozialpädagogische Fortbildung erfahren hatten, wurde viel improvisiert. Die Polizei lernte letztlich über die Auswertung ihrer selbsterdachten, spontanen und bemühten Praxis. Tatsächlich treten ausgewählte PolizistInnen in Abständen vor die Bürger oder vor die Öffentlichkeit und Presse, um Probleme der Gewalt im Alltag anschaulich zu machen. Solchen Mitarbeitern sollten kleine Zusatzausbildungen gewährt werden, damit sie auch in diesem Rahmen effektiv ihre mit Gewaltbeispielen angereicherten Vorträge bewältigen können. So wurde in der Vergangenheit oft bei einem Messerattacke-Demospiel immer wieder gezeigt, dass der leitende Polizist, Mann, auch den Täter spielte, ein

(Gummi-) Messer zückte, eine Person (freiwillig, aus dem Publikum) provozierte und auch die anderen Anwesenden mit seiner Aggression konfrontierte. Dann löste er (Protagonist und (!) Spielleiter in einer Person) die Demonstration auf, beruhigte das Publikum und erklärte, warum sich die spielende Person aus dem Publikum falsch verhalten hatte. Schließlich erläuterte er und zeigte wieder selbst, wie besser, richtiger oder korrekt interveniert werden sollte. Und das ist sensationell ungeeignet, Zivilcourage zu fördern!

Zu den beliebtesten Rollenspielen zum Thema Gewalt in Öffentlichkeit zählt die „Anmache in der U-Bahn". Es wird sowohl von SozialpädagogInnen als auch von PräventionsbeamtInnen herangezogen. Unterstellen wir eine Seminargruppe, bestehend aus 16 Personen, männlich und weiblich im Alter von 25 bis 50 Jahren (Weiterbildung). Der Gruppe ist bekannt, dass Rollenspiele Teil des Seminars sind; bei entsprechendem Konzept und Bedarf spielen deshalb alle selbstverständlich mit. Anwesende sind insoweit gesund und auch ggf. Körperbehinderte sind im Spiel.

Seminarleiter = Spielleiter bittet die Anwesenden, wie in einer engen U-Bahn mit Sitzbänken gegenüber je acht Stühle vorn im Seminarraum zu platzieren. (In Berlin gibt es drei solcher Schmalspur-U-Bahn-Linien mit entsprechenden Waggons). Nun fragt die Rollenspielleitung nach drei bis vier Freiwilligen, die je nach Zeit heute oder beim nächsten Mal eine Aggressor-Rolle zu übernehmen bereit wären und versichert, dass nichts Gewalttätiges passieren wird und alle ihren Spaß beim Spiel haben würden. Es werden Frauen und Männer gesucht; es geht nicht um „kräftig sein" oder darum, dass die Person ohnehin extravertiert, mutig oder laut ist.

Aus dem Kreis der Freiwilligen wählt die Leitung eine „normale" Frau aus, wohl wissend, dass die zu spielenden Aggressionen zu über 90 % von Männern ausgehen. 15 Seminaristen setzen sich nun nach Belieben auf die Stühle in den beiden Reihen. Ein Stuhl bleibt frei. Alle Stühle werden noch einmal eng ohne Zwischenraum aneinander gestellt. Nun bereitet die Spielleitung die „beiden Parteien" getrennt voneinander auf zu spielende Inhalte vor. Der Aggressor muss kurz den Raum verlassen und die Gruppe erfährt, was in etwa geschehen wird:

Ein leicht angetrunkener mittelalter Mann wird den Waggon betreten und versuchen, neben einer in seinen Augen attraktiven Frau Platz nehmen zu können; es ist jedem einzelnen, einer Teilgruppe oder der Gruppe selbst überlassen, darauf „irgendwie" zielführend schlichtend zu reagieren. Die Spielleitung geht nun vor die Tür und instruiert den „Aggressor". Die Frau soll einen Mann spielen, der angetrunken einen Sitzplatz „mit Charme" sucht, munter auf die Anwesenden einredet und sich dreist zwischen zwei Frauen setzt, obwohl kein Platz dort frei ist. Damit sind nur wenige Vorgaben gemacht, jeder kann sich die Rolle merken und agieren, reagieren oder passiv sein.

Die erste Sequenz wird keine drei Minuten dauern: Der Aggressor tritt ein, redet enthemmt Banales über schöne Frauen und setzt sich (versucht es) zwischen zwei in seinen Augen attraktive. Diese reagieren wie? Erlauben sie es? Da der angetrunkene Mann von einer Frau gespielt wird, wird die Attacke sowie die Gegenwehr von der Gefühlslage der Spielenden her unkompliziert verlaufen. Folgendes könnte geschehen: Während eine Frau etwas eingeklemmt schweigt, ruft eine andere laut „was soll das?" und bemüht sich, den Übergriffigen vom Platz zu stoßen. Es kann sein, dass Hilfe von Gegenüber kommt. Es kann sein, dass ein Mann sagt, „kommen sie doch her, hier ist ein freier Platz". Möglicherweise setzt sich auch die ruhige Frau auf den freien Platz.

Die Spielleitung unterbricht (Stopp!) in dem Moment, wo eindeutig eine neue Konfliktlage etabliert ist und verhindert ein hin und her, längere Dialoge oder im schlimmsten Fall körperliche Aggressionen, z. B. durch männliche U-Bahn-Gäste gegenüber dem Angetrunkenen.

Mit diesem „Cut" ist das Spiel zunächst beendet und alle können „normal" diskutieren. Alle verlassen ihre Rollen. Spielleitung und ProtagonistIn setzen sich und es wird technisch verfahren wie in Punkt 4.2 vorgeschlagen. Dann kann erneut gespielt werden, mit einem/r neuen ProtagonistIn, die, wenn sein/ihr Vorgänger eher „weich" auftrat, nun die Aufgabe hat, massiver zu stören. War der/die VorgängerIn bereits recht hart, soll die zweite Runde „weicher" gespielt werden.

Nach dem nächsten Einschnitt wird vergleichend diskutiert und ausgewertet, formal wie bereits beschrieben. Das inhaltliche Anliegen in diesem Rollenspiel ist das Befähigen von Mitmenschen in der (anonymen) Gruppe, im Fall von Aggressionen von außen klar, angemessen, solidarisch und effektiv handeln zu können. Wir erleben immer wieder, dass *Frauen* mutig intervenieren, wenn Stress angesagt ist. Das ist lobenswert und wird unterschiedliche Gründe haben, auf jeden Fall wird dadurch zum Glück vermieden, dass noch einmal besondere Macho-Konkurrenzkämpfe entstehen, wenn ein Störer von einem anderen Mann angegangen wird.

Unser U-Bahn-Beispiel eröffnet das Erlernen von verschiedensten wirkungsvollen Reaktionen. Z. B. kann die Spielleitung empfehlen (wenn dies nicht bereits aus der Gruppe heraus so gespielt oder vorgeschlagen worden ist), dass die Person, die unter Druck steht, mit wohl guten Erfolgsaussichten eine persönliche, konkrete Hilfe einfordern kann über Blickkontakt sowie mit den deutlichen Worten: „Oh bitte, die junge Dame mit dem grünen Anorak drüben, helfen Sie mir doch hier kurz, damit wir gemeinsam mit dem Kerl fertig werden".

7.6　Verkaufsgesprächstrainings

Rollenspiele werden auch für Verkaufsgesprächstrainings in Wirtschaft und Handel empfohlen. Brons-Albert analysiert simulierte Verkaufsgespräche und coacht Trainer eben dafür (vgl. Brons-Albert in: Bliesener und Brons-Albert Hrsg 1994). Peter Weber, Hochschullehrer an der Uni Duisburg, hält den Einsatz spezifischer Rollenspiele dann für sinnvoll, wenn diese sehr realitätsnah gestaltet werden und auf die kommunikativen Handlungsfelder der Spieler (Verkäufer) ausgerichtet sind, wenn sich zweitens die Spieler auch theoretisch mit den Handlungsmustern auseinandergesetzt haben und wenn schließlich diese „Simulationen" bewusst eingesetzt werden, um mit den Möglichkeiten der Musterrealisierung zu experimentieren. Dem Einsatz von Rollenspielen sind aber dort auch Grenzen gesetzt, da die unterschiedlich stark von Interaktivität geprägten Gesprächskompetenzen, die Verkäufer besitzen müssen, nicht alle über Spiele simulierbar sind.

Praktisch zeigt Weber im Rahmen eines Rollenspiels mit Studierenden in einer Gartenbau-Klasse ein Bespiel aus der Arbeit im Gartencenter und hebt hervor, dass „Erklären" eine wichtige Funktion ist. Zwischen der Eröffnung des Verkaufsgesprächs (im Rollenspiel) und dem Beenden liegen die Phasen „Anliegen klären", „Ware anbieten", „Beraten" (Erklären statt Beschreiben, Instruieren und Empfehlen), „Einwand behandeln", „Preis besprechen", „Kaufentschluss herbeiführen" sowie „Ware annehmen".

Entscheidend ist für ihn die (Simulation von) *Beratung:* hier sollen in Sprechhandlungssequenzen der Transfer von Einschätzungen, Ratschlägen, Empfehlungen und Vorschlägen erfolgen. Weber setzt gern das Ad-hoc-Feedback anstelle von Videoaufnahmen ein. Da für Verkaufsgespräche heute entscheidend die Kundenorientierung ist, empfiehlt Weber für Lehrpläne die Anwendung von Verkaufsgesprächen in Rollenspielen, um vorzeigbares verbales wie nonverbales kundenorientiertes Verhalten zu perfektionieren. Die Teilnehmer müssen Kriterienkataloge zur Beurteilung von Spiel- und Trainingssituationen erstellen; sie geben Rückmeldungen auch unter Verwendung von Audio- und Videotechnik (vgl. Weber 2009, S. 12 ff., weblinks).

Zugehörige Berufsverbände, Ausbildungsstätten 8

Adelheid Stein Institut für Sozialtherapeutisches Rollenspiel e. V.
Berufsverband Gesundheitsförderung e. V.
Bundesverband Mediation
Deutsche Gesellschaft für Verhaltenstherapie e. V.
Deutsche Gesellschaft für Systemische Therapie und Familientherapie
Deutscher Fachverband für Sozialtherapie e. V.
FU Berlin Psychologie; Public Health: Prävention und psychosoziale Gesundheitsforschung, begründet von Prof. Dr. D. Kleiber
Leuphana Universität Lüneburg: Professional School, „Master of Public Health (Gesundheitsförderung)", begründet von Prof. Dr. P. Paulus
Systemische Gesellschaft e. V.
Universität Bamberg: FB „Pädagogische Beratung im Rollenspiel".

(Weitere Adressen sowie Curricula dieser gewerblichen oder freigemeinnützigen Träger können konkret im *Internet* ermittelt werden).

© Springer Fachmedien Wiesbaden GmbH, ein Teil von Springer Nature 2019
M. Günther, *Pädagogisches Rollenspiel*, essentials,
https://doi.org/10.1007/978-3-658-22793-7_8

Was Sie aus diesem *essential* Psychologie mitnehmen können

- Abgrenzung von Theater, Rollenspielarten und Spielen in der Gruppen-Psychotherapie
- kurze Informationen über die „Rollenspiel-Historie"
- konkretes Handwerkszeug für Lehrkräfte, die u. a. „Pädagogisches Rollenspiel" unterrichten
- Handreichungen zur Durchführung und Auswertung *pädagogischer* Rollenspiele
- einen Leitfaden für den Einsatz einer Verhaltensmodifikations-Technik im Umgang mit Schulkindern
- kritische Hinweise auf die Rollenspielpraxis im Umfeld der Gewaltpräventionsagenten
- recht umfänglich weitere Techniken und Methoden vor allem systemischer Art
- wichtige Adressen, weiterführende Literatur

© Springer Fachmedien Wiesbaden GmbH, ein Teil von Springer Nature 2019

M. Günther, *Pädagogisches Rollenspiel*, essentials,

https://doi.org/10.1007/978-3-658-22793-7

Literatur

Bandura, A. (1969). *Principles of behavior modification*. New York: Rinehart and Winston.

Bilstein, J., Winzen, M., & Wulf, C. (Hrsg.). (2005). *Anthropologie und Pädagogik des Spiels*. Weinheim: Beltz.

Bliesener, W., & Brons-Albert, R. (Hrsg.). (1994). *Rollenspiele in Kommunikations- und Verhaltenstraining*. Heidelberg: Springer.

Brenner, I., et al. (1996). *Das pädagogische Rollenspiel in der betrieblichen Praxis*. Hamburg: Windmühle.

Ernst, A. (1982). *Das Rollenspiel im Unterricht*. Ravensburg: GRIN.

Griese, H. M. (1996). Rolle, soziale. In Kreft und Mielens (Hrsg.) 2. *Wörterbuch Soziale Arbeit*. Weinheim: Juventa.

Günther, M. (1982). Disziplinierte Schüler durch Verhaltensmodifikation? In H. Moll-Strobel (Hrsg.), *Die Problematik der Disziplinschwierigkeiten im Unterricht*. Darmstadt: Wissenschaftliche Buchgemeinschaft.

Jefferys-Duden, K. (1999). *Das Streitschlichter-Programm*. Weinheim: Beltz.

Kanfer, F. H., & Phillips, J. S. (1975). *Lerntheoretische Grundlagen der Verhaltensthera-pie*. München: Kindler.

Klippert, H. (2008). *Planspiele: Spielvorlagen zum sozialen, politischen und methodischen Lernen in Gruppen*. Weinheim: Beltz.

Kochan, B. (1989), *Rollenspiel als Methode sozialen Lernens*. Bodenheim Krause-Pongratz, D. (1999), *Das pädagogische Rollenspiel*. Marburg.

Lensch, M. (2000). *Spielen, was (nicht) im Buche steht*. Münster: Waxmann.

Lions Quest. (Hrsg.). (2014). *Das Lehrerhandbuch „Erwachsen werden"* (46 € inklusiv Einführungsseminar für Lehrer; Zielgruppe 10-14-Jährige).

Moreno, J. L. (1959). *Gruppenpsychotherapie und Psychodrama*. Stuttgart: Thieme.

Neumann, E., & Heß, S. (2005). *Mit Rollen spielen. Rollenspielsammlung für Trainerinnen und Trainer*. Bonn: ManagerSeminare-Verlag-GmbH.

Prokop, U., & Jansen, M. M. (Hrsg.). (2006). *Doku-Soap, Reality-TV, Affekt Talkshow, Fantasy-Rollenspiele. Neue Sozialisationsagenturen im Jugendalter*. Marburg: Tectum.

Richter, H. E. (2014). Sozialtherapie. In P. Möhring & T. Neraal (Hrsg.), *Psychoanalytisch orientierte Familien- und Sozialtherapie*. Gießen: Psychosozial.

Rosenberg, M. B. (2007). *Erziehung, die das Leben bereichert. Gewaltfreie Kommunikation im Schulalltag*. Paderborn: Junfermann.

© Springer Fachmedien Wiesbaden GmbH, ein Teil von Springer Nature 2019   47
M. Günther, *Pädagogisches Rollenspiel*, essentials,
https://doi.org/10.1007/978-3-658-22793-7

Satir, V. (2007). *Selbstwert und Kommunikation*. Stuttgart: Klett-Cotta.

Schäfer, C. D. (2007). *Einführung in die Mediation*. Wiesbaden: Springer.

Schaller, R. (2006). *Das große Rollenspielbuch*. Weinheim: Beltz.

Schmitt, W. J. (2012). *Trainplan Seminar- und Rollenspiele* (E-Book Kindle Edition).

Seve, L. (1972). *Marxismus und Theorie der Persönlichkeit*. Frankfurt: VMB-Verlag.

Tharp, R. G., & Wetzel, R. J. (1970). *Behavior Modification Techniques in the Natural Environment*. New York: Academic Press.

Vopel, K. W. (2000). *Spiele die verbinden*, Bd. 1 und 2. Hamburg: Iskopress.

Walker, J. E., Shea, T. M., & Bauer, A. M. (2007). *Behavior Management: A Practical Approach for Educators*. Boston: Pearson.

Warwitz, S. A., & Rudolf, A. (2016). *Vom Sinn des Spielens*. Baltmannsweiler: Schneider Hohengehren.

Wendlandt, W. (Hrsg.). (1977). *Rollenspiel in Erziehung und Unterricht*. München: E. Reinhardt.

Wendlandt, W. (1979). *Verhaltenstherapeutische Gruppenprogramme in der pädagogischen Praxis*. Schwann Düsseldorf: Didaktik.

Wolpe, J. (1972). *Praxis der Verhaltenstherapie*. Bern: Huber.

Wygotski, I. S. (1973). *Das Spiel und seine Rolle für die psychische Entwicklung des Kindes*. In: Ästhetik und Kommunikation 11.

Weblinks

de.wikipedia.org, Blitzlicht-Methode, Gestalttherapie; Liste von Projekten und Programmen Gewaltprävention/Soziales Lernen (begründet im November 2011 von Günther, M.), Psychodrama, Rollenspiel (Pädagogik), Rollenspiel (Spiel), Sozialtherapeutisches Rollenspiel, Spiegeln (Psychologie). https://www.wikipedia.de/, alle. Zugegriffen: 30. Mai 2018.

Günther (1994), *Rahmencurriculum für Zertifikatskurse Jugendsozialarbeit* im Auftrag des Ministeriums für Bildung, Jugend und Sport Brandenburg. http://www.manfred-guenther.de/mediapool/57/578080/data/www.01.94cur.pdf. Zugegriffen: 16. Nov. 2017.

Heilbronner Bürgerstiftung, *Soziales Lernen mit „Benni"*. http://www.heilbronner-buergerstiftung.de/benni.html. Zugegriffen: 16. Mai 2018.

Heldt, Konfliktvermittler-Training.de, *Rollenspiele für die Mediation*. http://konfliktvermittler-training.de/?q=rollenspiele-f%C3%BCr-die-mediation. Zugegriffen: 13. Nov. 2017.

Landessportbund NRW, *Partnerübungen zum Stundenausklang*. *Wetterkarte*. http://www.vibss.de/fileadmin/Medienablage/Sportpraxis/PH_Warm_up_Cool_down/PH_Fitness_-_Partneruebungen_zum_Stundenausklang.pdf. Zugegriffen: 30. Mai 2018.

sowi-online, *Rollenspiele*, https://www.sowi-online.de/praxis/methode/rollenspiele.html_0. Zugegriffen: 21. Nov. 2017.

Stangl, *Rollenspiel*, in: „Online Lexikon für Psychologie und Pädagogik". http://lexikon.stangl.eu/12663/rollenspiel/. Zugegriffen: 30. Mai 2018.

Weber (2009), *Möglichkeiten und Grenzen des Rollenspiels im Verkaufsgesprächstraining*. Vortrag an der Uni Duisburg, 40 Seiten. http://linse.uni-due.de/linse/aagdownloads/AAGKln21-11-09-Prsentation_Weber.pdf. Zugegriffen: 16. Jan. 2018.

Wennekers, H. S. (2007), *Trenner und Tröster – Schulanfänger lotsen durch Konflikte*, Senatsverwaltung für Bildung Hrsg: Gewaltprävention im Miteinander, in: Verstehen und Handeln X. http://berlin.de/sen/bwf/hilfeundpraevention/gewwaltpraevention/handlungsempfehlungen:gewaltpraevention im miteinanderverstehen und handeln X. Zugegriffen: 15. Juni 2013.